中国科技超越与领先的密码

课本里中国科学家的故事

KEBENLI ZHONGGUO KEXUEJIA DE GUSHI

张改珍 ● 编著

山东城市出版传媒集团·济南出版社

图书在版编目（CIP）数据

课本里中国科学家的故事 / 张改珍编著. — 济南：济南出版社, 2023.8
 ISBN 978-7-5488-5234-6

Ⅰ.①课… Ⅱ.①张… Ⅲ.①科学家-生平事迹-中国-现代-青少年读物 Ⅳ.①K826.1-49

中国版本图书馆CIP数据核字(2022)第198571号

出 版 人	田俊林
出版统筹	胡长粤
责任编辑	刘秋娜
封面设计	张　金
内文插画	张　晋

课本里中国科学家的故事　　张改珍 编著

出版发行	济南出版社
地　　址	山东省济南市二环南路1号（250002）
发行电话	（0531）67817923　82924885
	86131701　86018273
经　　销	各地新华书店
印　　刷	山东联志智能印刷有限公司
版　　次	2023年8月第1版第1次印刷
成品尺寸	170mm×240mm　16开
印　　张	11
字　　数	120千
定　　价	39.00元

（济南版图书，如有印装质量问题，请与印刷厂联系调换）

目 录

001 鲁班：匠师之祖

004 墨子：博学多才的科圣

007 甘德、石申：中国天文学的先驱

010 扁鹊：一代神医

013 李冰：造福千秋的工匠

016 蔡伦：造纸术的改进者

019 张衡：首个预测地震方向的科学家

022 华佗：外科圣手

025 张仲景：征服伤寒的医圣

028 刘徽：中国传统数学理论的奠基者

031 祖冲之：圆周率精密计算第一人

034 陶弘景：中医本草学的奠基人

037 郦道元：用脚丈量千百河流的地理学家

040 贾思勰：立足实践的农学家

043 孙思邈：长寿药王

046 毕昇：活字印刷术的发明者

049 沈括：科学全才

052 秦九韶：中国数学史上的一座里程碑

055 郭守敬：将毕生献给星空和大地的科学家

058 黄道婆：纺织技术革新者

061 王祯：集农器之大成的农学家

064 李时珍：尝遍百草的医药学家

067 徐光启：学贯中西的大师

070 宋应星：实学大家

073 徐霞客：东方游圣

076 范旭东：中国民族化学工业之父

079 李四光：中国地质力学创始人

082 竺可桢：中国问天第一人

085 侯德榜：侯氏制碱法的开创者

088 茅以昇：中国现代桥梁之父

091 詹天佑：中国铁路之父

094 童第周：克隆先驱

097 华罗庚：自学成才的数学家

100 苏步青：东方第一几何学家

103 于敏：中国氢弹之父

106 王大珩：摘下星光的科学家

109 孙家栋：深空探测先行军

112 钱学森：中国航天之父

115 程开甲：隐姓埋名的核司令

118 王淦昌：牧羊教授

121 邓稼先：把一生献给核事业的科学家

124 钱伟长：力学巨匠

127 赵九章：中国空间科学开拓者

130 钱三强：中国原子能事业创始人

133 郭永怀：用生命守护机密的科学家

136 陈景润：数学奇才

139 张青莲：中国稳定同位素学科奠基人

142 徐光宪：中国稀土之父

145 林巧稚：万婴之母

148 钟南山：生命的卫士

151 袁隆平：杂交水稻之父

154 黄旭华：中国核潜艇之父

157 吴孟超：中国肝胆外科的开拓者

160 屠呦呦：青蒿素之母

163 南仁东：仰望星空的科学家

166 顾方舟：护佑儿童健康的糖丸爷爷

鲁班：匠师之祖

鲁班，生卒年不详，春秋时期鲁国人，中国古代杰出的发明家，被土木工匠们尊崇为祖师。相传他发明了木工工具曲尺、墨斗、刨子、钻子、凿子、铲子、锯子，粮食加工工具石磨，以及攻城用的云梯和水战用的钩强。

成语"班门弄斧"为大众所熟知，意为在鲁班门前摆弄大斧，用来比喻在行家面前卖弄本领。两千多年来，鲁班在人们心中已经成为智慧、工艺高明的象征。他是工匠精神在中国古代贴切的代表。

据传说，鲁班发明了锯。鲁班经常带着徒弟上山用斧头砍伐树木，砍起来非常吃力，常常没多久就累得满头大汗。有一次，鲁班的手不小心被一棵野草划破了，鲜血直流，疼痛难忍。鲁班一边止血一边想，什么草这么厉害。他定睛一看，发现这种草长着长长的叶子，叶子的边缘上有许多均匀分布的锋利小齿。他受到启发，在铁片上加了许多小齿，由此发明了锯子。用锯子锯木头，人的发力方式和原来不同，工具和木头的接触面也大了很多，比用斧头省力、快捷多了。

有一门学科叫仿生学，它是连接生物与技术的桥梁，研究生物体的结构和功能，并根据这些原理发明创造出适用于人类生产生活的工具和先进技术。鲁班发明锯子，是仿生学运用于实际的一个简单例子。

鲁班还受他母亲的启发发明改进了木匠划线用的墨斗。鲁班看到他的母亲在裁衣服时，用粉线袋在布料上划裁剪线，由此发明了墨斗。墨斗刚做好时，鲁班每次弹线，都得让母亲放下手里的活计，帮忙捏住线的一头。有一次，母亲对他说："你做一个小弯钩，不就可以替代我捏着墨线了吗？"鲁班听后，便开始行动，很快就做成了一个。从此，木匠就可以一个人弹墨线了，墨斗小弯钩也被人们称为班母，意思是它替代了鲁班的母亲。

鲁班非常善于观察，也善于把观察所得运用于生产生活实践中，刨子和石磨就是这样发明的。用斧头把木料修整得又平整又光滑是非常难的，鲁班看到农人用耙子把地耙得很平整，就将铁刀刃和木头组合，做成了刨子。刨子省力又好控制，人们用推的方式很快就能把木头的表面推得又平整又光滑。以前，人们用石杵在石臼中把米捣成粉，费力又费时。鲁班发现用手搓米能把米搓碎，于是就想到用人力或畜力推动两块圆石头快速摩擦来搓米，由此发明了石磨。

后人为了纪念鲁班，将每年的农历六月十三日定为鲁班师傅诞辰。木艺工会还在每年的这个日子派"师傅饭"，相传吃了"师傅饭"的小孩能像鲁班那样聪明、手巧。以鲁班命名的"鲁班奖"是中国建筑行业工程质量方面的最高荣誉奖。

鲁班不仅为中国人留下了物质财富，也留下了宝贵的精神财富——鲁班精神。鲁班精神是工匠精神在建筑行业的具体体现。鲁班精神的本质是科学精神，其核心是刻苦钻研、精益求精、追求卓越、敢于创新的劳动者精神。石磨等发明创造减轻了劳动者的工作强度，大大提高了生产效率，体现了鲁班体恤民劳、服务百姓的情怀。在鲁班极具务实精神的发明创造的背后，仁爱精神也起着至关重要的作用。

知识拓展

在长期实践中，我们培育形成了爱岗敬业、争创一流、艰苦奋斗、勇于创新、淡泊名利、甘于奉献的劳模精神，崇尚劳动、热爱劳动、辛勤劳动、诚实劳动的劳动精神，执着专注、精益求精、一丝不苟、追求卓越的工匠精神。2021年9月，党中央批准了第一批纳入中国共产党人精神谱系的伟大精神，工匠精神被纳入其中。

墨子：博学多才的科圣

墨子，生卒年不详，春秋末年战国初期宋国人（一说鲁阳人，一说滕国人），曾担任宋国大夫。他是中国古代思想家、教育家、科学家、军事家，是墨家学派创始人和主要代表人物。墨子死后，墨家弟子根据墨子的生平事迹，收集其语录，编成《墨子》一书。

《墨子》中有句名言："染于苍则苍，染于黄则黄。"这说的是一个人所处的社会环境和所交往的朋友对这个人品行的影响。这句名言来源于墨子染布的故事。

墨子的先祖是贵族，到他这一代家道中落，以耕田为生。相传墨子小时候住在外婆家，家里干净整洁，家人和睦相处，墨子也做很多力所能及的家务。

有一天，墨子在一个水坑边玩耍。正值酷夏，天气炎热，墨子玩得满头大汗。他把白褂子脱下来放在水坑边的一块石头上，猛地跳下水，溅起来的带泥的水花弄湿了放在石头上的衣服。墨子心疼白褂子，赶紧用力搓洗，想把黑泥洗掉，没想到越搓黑的地方反而越多。他回到家里，和外婆、母亲讲了这件事。墨子说："就这么一小会儿工夫，白裤子上黑泥的颜色就揉搓不掉了，要是把白布、白衣裳埋在这样的黑泥里，埋的时间长一些，白布不就变成黑布了吗？"

外婆和母亲让墨子去试试。墨子拿了一块白布跑到水边，把白布展开摊平铺在黑泥上，又用一些黑泥均匀地盖上。过了一个时辰，他捞出白布在水里冲洗了一下，只见白布已经变成黑中带蓝的颜色。墨子喜出望外，马上跑回去拿给外婆和母亲看，外婆和母亲非常高兴。

墨子由此想到，用很多其他颜色的泥土，是不是能染出其他颜色的衣服呢？他找了黄土，将黄土用水泡湿，挖了一个坑，把白布放进去，最后染出了黄布；他又找到紫色的矿渣，把白布染成了紫红色。

后来墨子的方法一传十，十传百，人们就学会了染布。墨子首次染布的那个水坑，被人们称为"染布坑"，这种染布技术，被称为"坑染术"。据说，一直到20世纪60年代，还有人用这种方法染布。

成年后，墨子穿着草鞋，步行天下，在各地聚众讲学，宣扬仁政思想，受到大批手工业者和下层士人的追随。他广收门徒，亲信弟子一度达到数百人之多，逐渐形成了声势浩大的墨家学派。墨家在先秦时期影响很大，与儒家并称"显学"，战国时期的百家争鸣，有"非儒即墨"之称。

墨子不仅提出"兼爱""非攻""节能""尚贤"等哲学思想，还创立了以几何学、物理学、光学为代表的一套科学理论。《墨经》集中反映了墨子的科学成就。

《墨经》在数学方面的成就主要是几何学，包括对数学名词的定义，对方、圆和直线的性质，点和线的关系的讨论，等等。它和西方欧几里得《几何原本》中的许多概念、理论是一致的。

　　在物理学方面，《墨经》从生活经验出发，运用推理和想象对时间和空间、运动和静止等概念进行深刻论证。如，《经上》说："久，弥异时也。"《经说上》举例解释："久，古今旦暮。"《经上》说："宇，弥异所也。"《经说上》举例解释："宇，东西南北。"这是对时间和空间的定义。《经上》说："始，当时也。"《经说上》说："时或有久，或无久。始当无久。""始"指开始、开端。所有物体运动变化都有"始"。"始"是物体运动开端之时，是无穷小的时间。

　　在光学方面，《墨经》记载了小孔成像实验，论述了光的直线传播原理、光的反射现象、光源和物影的关系等。如关于光的反射现象，《经下》说："影迎日，说在转。"《经说下》说："日之光反烛人，则影在日与人之间。"意思是人影投在迎向太阳的一面，是因为太阳光经过某一物体的反射，转变方向；太阳光被反射后，照在人身上，在太阳与人之间形成影子。

知识拓展

　　光的反射现象是指光在传播到不同物质时，在分界面上改变传播方向又返回原来物质中的现象。光的反射现象十分常见。白天能看清路，是因为路面反射太阳光；能看到水中的倒影，是因为水反射太阳光；灯下看书，是因为纸能反射灯光；照镜子，也是利用镜子反射光的原理。

甘德、石申：中国天文学的先驱

> 甘德，战国时期齐国人（一说楚国人，一说鲁国人），大约生活在公元前4世纪中期。中国先秦时期著名的天文学家，世界最古老星表的编制者和木卫二的最早发现者。石申，战国中期魏国人，晚于甘德，是先秦浑天思想的代表。

不少研究者认为，《甘石星经》是唐宋时有人以甘德和石申之名编撰的一部伪书，并非战国时期的著作。而甘德、石申是真实存在的，是中国天文学的先驱。

甘德生活的年代，诸子并作，云集齐国稷下，展开百家争鸣，甘德是百家中一家的代表人物。他是一位闻名的占星家，是在当时和对后世都产生重大影响的甘氏占星流派的创始人。

甘德著有《天文星占》8卷、《岁星经》等，这些著作已经失传，成书于唐代的《开元占经》等典籍引录了其中的部分文字。从引文中得知，甘德在恒星区划命名、行星观测与研究等方面做出了贡献。三国时期的天文学家陈卓通过总结甘德、石申、巫咸等人的成果，得到中国古代经典的283星官（把天上的若干恒星组成一组，并命名，这种恒星组合叫星官）1464星的星官系统，其中取用甘氏星官146座（包括二十八宿在内）。可见甘德对全天恒星区划命名的工作做出了很大的贡献，也为后世传统的行星位置计算法奠定了基石。

中国著名天文学家、科学史家席泽宗在一篇短文中指出，《开元占经》中有一段未被人注意到的话，证明甘德发现木星卫星的时间大约是公元前364年，比伽利略早了约两千年。

在这段文字中，木星被称为"岁星"，木星和附属于它的小卫星组成的系统被称为"同盟"，小卫星的颜色为赤，这与我们现在所指的木星的4个卫星颜色一致。

为人们熟知的是，欧洲的麦依耳和伽利略在17世纪用望远镜发现了木星卫星。席泽宗指出，从理论上说，用肉眼看见木星卫星是有可能的，北京天文馆进行的模拟测试也证明了这一点。所以，甘德是有可能发现木星卫星的。这是甘德在天文学上的一个非常超前的贡献。

石申原名石申夫，又写作石申甫或石申父。南北朝以后，可能因为误会，将其名字称为石申。石申及其学派著有《天文》8卷，也被称为《石氏星经》，是石氏学派集体劳动和智慧的结晶。

由于石申及其门徒的勤奋观测，有了一系列的新发现。

《石氏星经》早已散失，《开元占经》及两汉的若干著作引述了其中的部分内容。石申编制了世界上最古老的星表，因此他被誉为"世界星表之父"。所谓星表，就是把测量出的若干恒星的坐标等加以汇编，这是古代天体测量工作的基础。当时，没有任何精密仪器，基本要靠肉眼观测，可见石申是多么细心，观测是多么精细。

石申还在四分历、岁星纪年、行星运动、天象观测和中国古代的占星理论等方面做出了贡献。他对中国古代天文学从知识的积累和定性研究到系统定量的科学探讨起了决定性的作用。

月球背面有5座环形山是以中国人的名字命名的，石申是其中之一。

知识拓展

木星的卫星数量很多，多达79颗。1610年，意大利天文学家伽利略最早以望远镜发现木星最大的4颗卫星，被后人称为伽利略卫星。1892年，巴纳德以望远镜用肉眼观测发现第五颗卫星。20世纪70年代，美国发射探测木星的宇宙飞船，发现了木星周围存在光环。

扁鹊：一代神医

扁鹊，生卒年不详，渤海郡郑（今河北任丘）人，中医诊法的开创者。他年少时，从长桑君学习医术，后来在今陕西、山西、河北一带行医。相传中医望闻问切四诊法是由扁鹊根据民间流传的经验和多年的诊疗实践总结而来的。

很多人认为，扁鹊是先秦时期众多名医的集合和代名词。司马迁在《史记》中关于扁鹊的记载具有神话性质。据记载，扁鹊在年轻时做旅馆生意，遇到一位客人，名为长桑君，他交给扁鹊医学秘籍后就隐身不见了。他还嘱咐扁鹊用未触地的雨水或露水连续30天服用一种神奇的药物。扁鹊服药后，从此可以透视人的五脏六腑。

司马迁在《史记》中说，扁鹊"过邯郸，闻贵妇人，即为带下医；过雒（luò）阳，闻周人爱老人，即为耳目痹医；来入咸阳，闻秦人爱小儿，即为小儿医；随俗为变"。从中可见，扁鹊是一位精通多科的医生。

传说，扁鹊路过虢（guó）国，遇到太子暴亡，正要下葬。听到太子在演练刀枪时，突然倒地而亡的经过后，扁鹊说太子还有救，并说如果去摸太子的大腿内侧，一定还有体温。发现果真如此后，国君急忙请扁鹊看诊。扁鹊诊脉后，说太子是"尸厥"，而不是真死。扁鹊针刺太子的三阳五会穴位，按摩其四肢和胸、腹、颈部，太子渐渐苏醒。扁鹊又熨敷太子两肋之下，不一会儿，太子便能坐起。见此情景人们惊叹不已，说扁鹊能"起死回生"。经过20多天服药调理，太子恢复了健康。

又传说，扁鹊路过齐国，上朝拜见齐桓侯，发现齐桓侯有病在皮肤中，如果不及时治疗疾病恐怕会加深。齐桓侯认为自己没病，还和别人说，扁鹊想借治疗未病之人邀功。过了5天，扁鹊再见齐桓侯时，说他有病在血脉里，不治恐怕会继续加深。齐桓侯很不高兴。又过了5天，扁鹊又见齐桓侯，说他有病在肠胃里，如果不治恐怕会侵入体内。又过了5天后，扁鹊见到齐桓侯拔腿就跑了。齐桓侯派人问他缘故，扁鹊说君王疾病已入骨髓，他已无能为力。果然，5天后，齐桓侯病故，而扁鹊早已离开齐国。

魏文王问扁鹊："你们家兄弟三人，谁的医术最好？"扁鹊说："大哥最好，二哥次之，我最差。"文王又问："那为什么你最出名呢？"扁鹊说："大哥治病于未病之前，所以人们不知道；二哥治病于微病初起之时，人们都以为他只能治小病；我治病于病情危急严重之时，人们看到我在经脉传针放血，在皮肤敷药手术，以为我医术高明，就出名了。"魏文王赞叹不已。

这几个小故事全面展现了扁鹊熟练运用望闻问切四诊法的高妙医术，也展现了扁鹊治未病的先进医学思想。

后来扁鹊遭人嫉妒，在秦国遇刺。现在，民间还有很多关于扁鹊治病的传说。为了纪念这位神医，河北、河南、山东、山西和陕西都建有扁鹊庙。河北有一个村子叫神头村，传说扁鹊遇刺后，头颅归葬此处，神头村由此得名。

知识拓展

中医诊法以中医理论为指导，运用四诊的方法诊察疾病，探求病因、病位、病性及病势，辨别症候，对疾病做出诊断，为治疗提供依据。2006年5月，中医诊法被列入第一批国家级非物质文化遗产名录传统医药类。

李冰：造福千秋的工匠

> 李冰，生卒年和出生地不详，战国时期杰出的水利工程专家。在担任蜀郡太守时，他主持修建了闻名世界的大型水利工程都江堰。都江堰已有两千多年的历史，如今仍发挥着重要作用，灌溉着成都平原。

都江堰渠道总长约1165千米，分堰2200多道、分支流520多条。它设计巧妙、布局合理，是世界水利史上的奇迹和中华民族的骄傲。它的修建者是中国战国时期的水利工程专家李冰。

据传，李冰自幼聪慧，勤奋读书，12岁即能背诵《老子》《诗经》和《论语》。少有大志的李冰饱读诗书，对自然科学尤其热爱。青年时，精天文、通地理的李冰游历全国，考察各地水患，边走边学边记录，沿途做了许多有利于百姓的好事，在全国渐有名气。李冰30岁时，经名相范雎力荐，被任命为蜀郡太守。

李冰出任蜀郡太守前，官员们绕着困难走，治蜀不治水，蜀地人民深受旱涝灾害困扰。李冰到任后，认识到只有根治岷江水患，蜀地才能富饶，他决定治蜀先治水。

李冰带着他的儿子二郎，沿岷江跋山涉水，溯流而上，勘察岷江沿岸的地形和水势。

岷江是长江上游一支很大的支流，从四川西北的高山地区飞流直下，到灌县境内进入平原，江水流速逐渐减慢，泥沙便在河床淤积起来，河床越积越高。灌县城外的玉垒山矗立在岷江东岸，阻碍了江水东流。雨季到来时，奔腾的洪水受玉垒山阻挡，全部涌向西岸。西岸大片良田被淹，东岸土地干旱，得不到灌溉。

李冰决定开凿玉垒山，将岷江分流，一股水引向东岸，另一股水沿岷江右河道流入长江，既灌溉良田，又分流减灾。

玉垒山非常坚硬，一位石匠想出了点火燃烧，使岩石爆炸的方法，终于将巨石嶙峋的玉垒山劈开了。人们把凿开的20多米宽的山口称为宝瓶口，把与玉垒山分离的山堆叫作离堆。

宝瓶口引水工程遇到了新的困难。东岸的地势较高，洪水来临时，宝瓶口进水量有限。李冰便在距离玉垒山较远的江心，采用竹笼装卵石的方法，再筑起一道分水堰，迫使岷江水分流两股，一股流入宝瓶口。

从此以后，滚滚的岷江流到灌县附近便一分为二。东边一股全部进入宝瓶口，称为内江，通过宝瓶口又分为走马河、柏条河、蒲阳河三条支流，供灌溉系统用水。西边一股称为外江，这是岷江的本流，沿故道流入长江。

分水堰是都江堰的主体工程，它修成后，岷江的水害被控制住了。李冰给这个大堰取名为"都安堰"，意为人们都可以安居乐业了，后人称其为"都江堰"。

都江堰不仅消除了岷江水患，而且方便了航行和灌溉。它造福了千秋万代，使成都平原成为闻名全国的粮仓，使三国时期人口最少的蜀国与魏国、吴国三分天下。

古代的四川人民没有忘记李冰，尊他为"川祖"。在都江堰玉垒山麓的二王庙中有李冰父子的塑像。

知识拓展

战国时期，中国兴修了一批水利灌溉工程，都江堰是其中著名的工程之一。除此之外，还有用于灌溉农田或航运的漳水十二渠、郑国渠、灵渠、芍陂、白起渠等。其中，芍陂、白起渠使今天的安徽寿县、湖北襄阳成为重要的农业灌溉区。

蔡伦：造纸术的改进者

蔡伦（约61年—121年），桂阳郡耒阳（今湖南耒阳）人，中国古代四大发明之一造纸术的改进者。他发明用树皮、麻头、破布和渔网作为原料的造纸新技术，使纸的原料来源更广泛，大大提高了纸的产量和质量。

蔡伦出身于一个铁匠世家，祖祖辈辈都以打铁为生。他的父亲擅长冶铸，长期与朝廷铁官保持着紧密的联系，蔡伦也因此进入洛阳宫内为宦官，后任主管宫中御用器物和宫廷御用手工作坊的尚方令。

他以尚方令的身份研制的一样东西至今仍然家喻户晓，那就是象征最高权力、能先斩后奏的尚方宝剑。为研制出高质量的宝剑，蔡伦苦读相关书籍，积极投入生产实践。每有空闲，他就到作坊中做技术调查，学习和总结工匠们积累的经验。再加上从小就受到铁匠父亲的熏陶，他打造出了钢剑，韧性、可延压性比以往的宝剑更好。他对当时金属冶炼、加工工艺的飞速发展起到了不小的推动作用。

在宫中,蔡伦得到了邓太后的赏识。邓太后不爱珍玩,喜欢舞文弄墨,于是蔡伦专心改进造纸技术。

造纸术是中国古代著名的四大发明之一。在纸出现之前,人们将字保存在各种天然载体上。欧洲人把字写在纸草、羊皮、石头上。纸草容易折断;羊皮太昂贵;石头太硬,在上面刻字费时又费力。古印度人在白桦树皮和棕榈树叶上写字。中国古代把字刻在龟甲、青铜器、竹片、木板、竹简和木片上,十分笨重。秦始皇每天批阅的竹简文书重达120斤。

人们追求更方便的书写用品。有人用丝帛书写,但是丝帛价格昂贵,一般人用不起。后来又发明了无法大量生产的、用蚕丝做的丝棉纸和粗糙的麻纸,书写效果并不理想。

蔡伦决心改进造纸的方法。他受轻薄的丝棉纸的启发,想找其他便宜、量多的材料代替产量极少的蚕丝纤维。他带领工匠们反复试验,终于制成了一种既轻便又经济的纸,这种纸以麻头、破布、树皮、废渔网等为原料。他们把原料剪碎放在水里浸渍;将浸泡后的原料加温,加入石灰、草灰等捣烂成浆状物;接着,用木棒、石臼等将浆状物捣打、碾烂,增加纤维间的结合力;再用水稀释碾打后的纸浆,并在席子上摊成薄片;最后,将附着在席子上的薄片放在太阳底下晒干或用火烤干。这样就变成纸了。

这种纸轻薄、柔软、洁白,适合写字,可折叠裁剪,受到了人们的欢迎。

东汉元兴元年(105年),蔡伦将他发明的纸奏报朝廷,受到了和帝的称赞,造纸术因此在全国推广,所造的纸被称为"蔡侯纸"。

不能制作书意味着文明难以传播、文化难以传承。"蔡侯纸"的发明大大加速了人类文化传承和文明传播的速度，蔡伦是一位推进人类文明进程和改变世界的发明家！

知识拓展

直到纸在中国普遍应用近一千年后的751年、793年，阿拉伯、波斯人才依靠中国造纸工人在本国建立纸厂。直到12世纪后，中国造纸术才逐渐传播到西方的意大利、英国、俄国等国家。中国造纸术的西传促进了西方打浆机、长网造纸机、圆网造纸机、扬克式造纸机等造纸技术设备，以及氯气漂白等造纸工艺技术的发展。

张衡：
首个预测地震方向的科学家

张衡（78年—139年），河南南阳西鄂（今南阳石桥）人，东汉科学家。他创制了世界上第一台能比较准确测定天象的浑天仪和测定地震方向的地动仪，第一次正确解释了月食的成因，著有《灵宪》《算罔论》。

说到地震这种自然灾害，人们往往会不寒而栗，因为历史上每一次强大的地震都会给人们带来巨大的生命和财产损失。那么，人类是不是对地震无计可施？随着科学技术的进步与发展，现在是有一些办法了。在遥远的古代，人们曾经只能顺从自然、听天由命，直到1800多年前的东汉时期，张衡发明了能测定地震方向的仪器——地动仪。

张衡的祖父张堪，曾当过蜀郡太守。张衡出生时，家道已经衰弱，从小生活清苦。张衡17岁离开家乡，先后到当时很繁华的长安和洛阳求学。张衡看到城里的王公贵族过着骄奢淫逸的生活，心生反感，由此告诫自己，一定要专心读书以求报国。学有所成后，学识渊博的他

在皇宫里出任过郎中、太史令、尚书侍郎等官职。

有一次，张衡听到"当啷"一声。他急忙跑过去，看到铜制地动仪西边的龙嘴吐出铜球落在蛤蟆嘴里，就高呼："地震啦！京都西边发生地震啦！"京都没有任何人感觉到地震，人们议论纷纷，认为太史令张衡是个吹牛大王。几天后，信使来报，位于洛阳西边、甘肃西南部的陇西几天前发生了地震，众人从此开始对张衡刮目相看。

地动仪是用铜做的，像一个大酒樽，樽的周围镶着八条龙，按照东、南、西、北、东南、东北、西南、西北八个方向排列，每条龙嘴里各衔着一颗铜球。龙头下面，分别蹲着一个铜制的蛤蟆，蛤蟆仰着头，张大嘴巴，好像随时等待着龙嘴里的铜球落在它们的大嘴里。

地动仪的工作原理是：哪个方向发生地震，朝着那个方向的龙嘴就会自动张开吐出铜球，铜球会正好掉到蛤蟆嘴里，发出响亮的地震警报声。酒樽中间有一根很重的铜柱，上粗下细，大地稍有震动，铜柱就会震动。震动的铜柱连动连接龙头的八根曲杠杆，铜柱向哪个方向偏动，哪个方向的曲杠杆受压后就会触动龙头吐出铜球。张衡发明的地动仪比欧洲早了1700多年。

张衡的另一伟大科学成就是在117年制成了浑天仪。浑天仪是一种观测天象的天文仪器，用水力推动。浑天仪也是用铜做的，里面有几层圆圈可以转动，上面刻着日、月和各种星辰。浑天仪转动一周相当于地球自转一周，两者速度相同。人们从浑天仪上可以看到日月星辰是怎样运动的。

张衡从小就喜欢数学和天象观察。成年后，他曾用肉眼观测星星，并把观测结果画成一幅星图。当时，他看到的星星有2500多颗，现在天文学上观测到的六等以上的星（可用肉眼看到的星）为3000颗左右。可见，他的观测和研究是多么仔细！

张衡是个发明创造大王，他还发明了候风仪，制造过自动车、自动木鸟、指南车等。他还是一位文学家和画家，写过《东京赋》和《西京赋》等著名文章。

后人为纪念这位全面发展的科学家，于1956年重新修建了张衡墓。

知识拓展

中国现在已建成包括气象、海洋、陆地资源等系列卫星构成的空间对地观测系统。随着空间技术的快速发展，具备实时监测、分辨率高、覆盖面广、周期短等特征的卫星红外遥感弥补了地震监测预报采用的传统地面监测的不足和盲区，为地震预报研究的新探索提供了监测基础。

华佗：外科圣手

华佗（约2—3世纪初），沛国谯县（今安徽亳州）人，东汉末年著名医学家。他精通内、外、妇、儿、针灸各科，尤其擅长外科，首创用麻沸散施行全身麻醉后进行外科手术，创编用来强身健体的五禽戏。

我们常常会在中医诊所看到写着"华佗在世"的匾额、字画或锦旗。华佗已经成为"神医"的象征。那么，华佗到底为什么这么"神"？

有一位郡守得了重病，他的儿子让华佗前去诊治。华佗把过脉、端详过郡守的脸色后问："你能把你父亲平时所做过的错事都告诉我吗？"郡守的儿子心中十分疑惑，但还是把父亲长期以来所做的不合理之事一五一十地告诉华佗。华佗点点头说："请给我拿纸笔来。"他奋笔疾书，留下一封痛斥郡守的信便离开了。郡守看后大怒，派人去捉拿华佗。华佗早已躲起来了，郡守盛怒，吐出大量黑血，之后他的病就神奇地好了。郡守的儿子大喜，派人去问华佗，华佗说："郡守病重的原因在于腹中有淤血，我写信是为激怒他，让他把淤血全部吐出来，淤血除就病除。"

关于华佗妙手回春的轶事典故还有很多。他最重要的科学成就莫过于比世界其他国家早 1600 多年使用全身麻醉术了。

有一次，一个人腹痛难忍。华佗检查后，心里想，病患郁积肠内，扎针吃药恐难以奏效，应剖开割除。他拿出经过反复炮制的麻醉药，用热酒配制散开，让患者服下。不一会儿，患者就像醉死一般，毫无知觉。于是他开刀切除患处，取出溃烂的结积物，洗净伤口和易感染部分，缝好刀口并敷上调制的药膏，四五日除痛，一月间康复。华佗给这种可服可敷的药膏取了个名字——麻沸散，这是世界上最早的麻醉剂。华佗也是中国历史上第一位进行外科手术的医学家，被后世尊称为"外科鼻祖"。

外科手术的方法并未建立在"尊儒"的文化基础上，这在儒家"身体发肤，受之父母"等主张盛行的时代显得更为可贵，是求是精神的体现。华佗的外科手术得到历代的推崇，如明代陈嘉谟的《本草蒙筌》引用《历代名医图赞》中的诗句称赞华佗："魏有华佗，设立疮科，剔骨疗疾，神效良多。"《三国志》中有一段相仿的评述，说华佗："善于养生，用药精当，针灸简捷，手术神奇。"

除了治病，华佗还继承和发展了前人"圣人不治已病，治未病"的理论，特别提倡养生之道。他编排了一套模仿猿、鹿、熊、虎、鸟五种禽兽姿态的健身操——五禽戏。据说，华佗每天做五禽戏，50 多岁仍健步如飞，一颗牙齿也未掉。他的学生吴普，每天坚持做五禽戏，活到 90 多岁。

华佗死于他的刚正不阿、不畏权势。丞相曹操患了严重的头风病，让华佗专门为他治疗。华佗不愿只为他一个人服务，借口妻子有病，回乡去了。不久,曹操的头风病又发作了,派人去乡下找华佗,发现他正忙于为乡亲们看病,妻子并未有疾。曹操大怒,要处死华佗。曹操的谋士荀彧连忙求情说:"华佗的医术确实高明,关系着人的生命,应该包涵宽容他。"曹操不听。华佗临死前,拿出他写的医书《青囊经》给一个狱吏说:"这书可以用来救人。"狱吏害怕受牵连,华佗只好忍痛取火把书烧了。这位神医最终死于曹操刀下。

后人为了纪念这位不屈的神医,在他生活过的河南许昌和沈丘都建有华佗墓。在华佗的故乡安徽亳州,建有华祖庙。

知识拓展

五禽戏是一套使全身肌肉和关节都能得到放松的医疗体操,动作模仿虎的扑动前肢、鹿的伸转头颈、熊的伏倒站起、猿的脚尖纵跳、鸟的展翅飞翔等。相传华佗在许昌时,天天指导人们在旷地上做这个体操。

张仲景：征服伤寒的医圣

张仲景（约150年—219年），南阳郡涅阳（今河南南阳）人，中国古代著名的医学家。他著有《伤寒杂病论》，被后人尊称为"医圣"。他确立的"辨证论治"原则，是中医临床的基本原则。

张仲景生活的东汉末年，党争不断，战争频繁，各地连年暴发瘟疫。瘟疫将百姓推入水深火热之中，深深刺痛了幼年的张仲景。10岁那年，张仲景学习《史记》，当他看到书中记载的扁鹊具有能起死回生的神奇医术后，当即立志学医，以解百姓遭受的疫病之苦。从此，他刻苦研读各种医学著作，继承古典医学的智慧，学习各派医家的治疗方案，打下了扎实的医术基础。本郡有一位叫张伯祖的名医，医术精湛，远近闻名。张仲景慕名拜师，很快青出于蓝而胜于蓝。

张仲景医术高明。"建安七子"之一的王粲是张仲景的朋友，在与王粲的交往中，张仲景凭借多年的行医经验，发现年仅20岁的王粲患了麻风病。张仲景对王粲说："你患病了，需要从现在开始服

用五石汤，否则到了40岁，你的眉毛会脱落。"王粲听了很不高兴，对他的建议置之不理。20年后，王粲的眉毛果然慢慢脱落了，半年后就去世了。

一天，两个被雨淋了后头痛、发烧、咳嗽、鼻子不通气的病人找到张仲景。张仲景把脉后发现，第一个病人的脉搏跳得不快不慢，手腕上还有汗水；第二个病人的脉搏跳得很快，脉管紧张有力。张仲景心想，两人病情差不多，只要发汗就好了，于是给他们开了药量一样的麻黄汤。第二个病人服药后出了一身汗，病好了一大半；第一个病人也出了一身汗，病反而更厉害了。张仲景冥思苦想，终于找出了原因。原来，当时一个人出汗，一个人不出汗，没汗的吃了药发汗就好了，有汗的吃了药继续出汗，病反而更厉害了。于是，张仲景改用桂枝汤，第一个病人服用后很快好转了。

这就是现代医学所说的"辨证论治"，治病既要考虑病症的共性，也要考虑病症的不同之处。

张仲景爱民如子。据传，张仲景晚年辞官返乡时，正值寒冬腊月，他在路上看到不少衣不蔽体、无家可归、耳朵上长了冻疮的老百姓。张仲景心里难受，研究了医治冻疮的方子，取名"祛寒娇耳汤"。他让徒弟们搭起棚子，分汤给穷人喝。吃了热腾腾的娇耳汤，百姓们浑身暖和，冻疮自然慢慢好了。"娇耳"就是现在的饺子，我们现在还有"冬至吃饺子，否则冻耳朵"的说法。

张仲景晚年隐居少室山，总结行医经验，归纳前人的精辟医理和实践经验，收集历代名方、验方，写出了16卷医学巨著《伤寒杂病论》。

《伤寒杂病论》是中国医学史上极有影响力的古典医著，是后世从医者人人必读的重要医书。清代医家张志聪说:"不明四书者不可以为儒,不明本论(《伤寒杂病论》)者不可以为医。"

张仲景被尊称为"医圣",因为他高明的医术和编写《伤寒杂病论》的医学成就,也因为他悬壶济世,以一颗仁爱之心,心系苍生百姓!

知识拓展

张仲景的贡献不仅在经方的研究和应用上,他还建立了颇具特色的"中医药堂"。张仲景任长沙太守时,伤寒病流行,常常一边是繁杂的公务,另一边是随时等候在公堂外的患者。张仲景为拯救百姓,经常在公堂上边断官司边行医,并习惯在自己的名字前冠以"坐堂医生"。后世行医者为纪念和弘扬他的高尚医德,纷纷效仿,"坐堂医生"便沿用下来。

刘徽：中国传统数学理论的奠基者

刘徽（约225年—295年），出生于淄乡（今山东邹平），三国时期魏国人，对数学有系统论述，开后世数学研究之风。他在中国数学史上做出了极大贡献，著有《九章算术注》和《海岛算经》。

刘徽为汉梁孝王刘武五世孙淄乡侯的后代，家庭教育良好，成长于当时的思想文化中心山东地区，北宋时期被追封为淄乡男。

刘徽小时候就非常具有探索精神。有一天，他看到一位石匠在切割、打磨石头，就站在一边细细地观察，想看看石匠会把一块方石块切割、打磨成什么样子。

石匠先是切去了方石块的四个角，正方形石块就变成了八边形，有了八个角。然后，石匠又把这八个角一个一个地切去，石块就变成了十六边形。石匠继续切割，越切，石块就越像圆形，直到最后无角可切。原来呈方形的石块就这样在一次一次的切割中变成了圆形。

刘徽想，正方形可以切割成圆形，多边形也可以切割成圆形，那么反过来切割圆形，按照计算多边形的方法来计算，不就可以准确算出圆的面积了吗？切割得越细，多边形的面积和圆的面积之间的差距就越小，算出圆的面积，就可以计算圆周率了。刘徽为计算圆周率提供了一套严密的理论和完善的算法。

刘徽无意中运用的是逆向思维。逆向的方法，其特点是反过来想，达到殊途同归的结果。

夏季的一天，刘徽与书童外出，忽然下起了大雨，二人急忙跑到一个黄土崖下避雨，发现崖壁上有一个裂缝。刘徽猜想里面是个山洞，于是与书童一起用力一推，发现果然是一个非常宽敞的山洞。刘徽觉得这是个研究学问的好地方，既清静，又干净。于是，他和书童收拾了一下这个山洞，干脆住进去不回家了。洞外有两棵大树，刘徽整日在树荫下研究八卦易学，并测量正午时两棵树的叠影的方位，废寝忘食，如痴如醉。

书童每天将一日三餐给刘徽送来，刘徽吃完饭后书童再把碗筷碟盘带走。某一天，书童落下了一只汤勺忘了拿走，这只汤勺放在刘徽所用的八卦盘的阴阳鱼中心，勺柄指向洞口。刘徽拨动汤勺，汤勺转动几圈，最后勺柄竟然又指向了洞口。刘徽非常吃惊，干脆端起八卦盘进行旋转，可任凭八卦盘怎么转，勺柄还是指向洞口。刘徽开始探究形成这种现象的原因。

洞口朝着的方向，其实是北极星的方向。也就是说，八卦盘上的汤勺勺柄始终指着北方。指南针并不是刘徽发明的，但刘徽能从偶然的现象中，不断试验，找出规律，这种探索精神是值得称道的。

关于什么是数学，刘徽说，数学虽然"能穷纤入微，探测无方"，但"以法相传，亦犹规矩度量可得而共"。意思是，虽然数学应用广泛，

但归根结底，不过是空间形式和算量关系两个方面。

刘徽对中国古代数学的贡献主要体现在《九章算术注》中，他以文喻理、言必有据、传艺德人，提出并发展了分数理论、比率理论、勾股理论、方程理论、面积理论、体积理论和极限理论等基础理论。

> **知识拓展**
>
> 《九章算术》是中国流传至今的古老数学专著之一，约成书于东汉之初，是由国家组织编纂的一部数学教科书，汇集了不同时期数学家的劳动成果，对两汉时期数学的发展产生了很大的影响。它的完成奠定了中国古代数学发展的基础，在中国数学史上占有极为重要的地位。全书含算术、代数、几何等方面的算题246道，分九章；在每一组同性质的算题前或后都总结有术文。

祖冲之：圆周率精密计算第一人

祖冲之（429年—500年），范阳遒县（今河北涞水县北）人，南北朝时期杰出的数学家、天文学家。他著有在中国古代和朝鲜、日本影响极大的数学专著《缀术》；早于欧洲一千余年，将圆周率精确推算到小数点以后第七位。

祖冲之出生于官宦世家，他自述"专功数术，搜练古今"，并主张绝不"虚推古人"，而是每每"亲量圭尺，躬察仪漏，目尽毫厘，心穷筹策"。

祖冲之从小就对自然科学很感兴趣，喜欢探究各种各样的自然现象。他问爷爷："为什么每月十五的月亮一定会圆呢？"爷爷告诉他："月亮有自己运行的规律，所以有缺有圆。"爷爷看到祖冲之对天文很感兴趣，就从家里找了几种天文历书让他看。

祖冲之青年时期就被召入朝廷的学术研究机构——华林学省做研究，后又到当时全国最高的科研学术机构——设在南京朝天宫冶山的总明观任职。

祖冲之是世界上第一个将圆周率的数值精确推算到小数点以后第七位的数学家。所谓圆周率，就是圆周长与直径之比，圆周率通常用希腊字母 π 表示。求算 π 的值是一个耐人寻味的问题，许许多多数学家为求算 π 的值花费了多年的精力。在祖冲之之前，大多人认为 π 等于3，中国古算书中就有"径一周三"的说法。祖冲之小时候想验证一下是不是这么一回事。有一天，一辆马车停在了家门口，祖冲之立即拿了一根小绳，量了车轮的周长和直径，结果发现圆周率并不是3。祖冲之心想，圆周率到底是多少呢?

长大以后，祖冲之学习了刘徽的割圆术，开始用割圆术计算圆周率：在一个圆里内接正多边形，计算这个正多边形的总面积，就可以得到圆面积的近似值。正多边形的边数越多，总面积和圆的面积就越接近。祖冲之从圆的内接正六边形开始，一直翻了八番，由此推断出圆周率在 3.1415926 与 3.1415927 之间。为了计算圆周率，祖冲之要对非常大的数字进行包括开方在内的大量复杂计算，这不仅要进行艰苦的计算，还需要高超的数学技巧。

祖冲之还给出了 π 的两个分数形式：22/7（约率）和 355/113（密率）。祖冲之的这项发现是非常超前和卓越的，他推算出的密率，直到 16 世纪才又被德国人奥托和荷兰人安托尼兹提出。

祖冲之著有数学专著《缀术》，影响极大，在唐代被收入《算经十书》，成为唐代国子监算学课本。《隋书》评论《缀术》"学官莫能究其深奥，是故废而不理"。朝鲜、日本古代的课本中，都曾提到《缀术》。可惜这本书后来在宋朝亡佚了，我们无法了解祖冲之在数学上的全部成就。

祖冲之还在天文历法和机械发明方面取得了一些创造性成就。他通过自己长期的观察研究，编制了当时最科学、最先进的历法——《大明历》，这部历法在祖冲之去世10年后才被正式使用。祖冲之还发明制造了水推磨、指南车、千里船、欹器等。

后世通过各种形式纪念祖冲之。紫金山天文台发现的一颗小行星以他的名字命名；法国巴黎"发现宫"科学博物馆的墙上书写着祖冲之的名字；俄罗斯莫斯科大学的大礼堂走廊上有祖冲之的塑像；月球上的一座环形山用祖冲之的名字命名。

知识拓展

电子计算机的出现使 π 值计算有了突飞猛进的发展。1950年，里特韦斯纳、冯纽曼和梅卓普利斯利用美国制造的世界上的首部电脑——ENIAC（Electronic Numerical Integrator And Computer），只用了70小时就计算出 π 的2037个小数位。20世纪60年代至70年代，随着电子计算机运算速度的提升，π 的值也越来越精确。经吉尼斯世界纪录认证，目前 π 的最准确值，在小数点后62.8万亿位。

陶弘景：中医本草学的奠基人

陶弘景（456年—536年），丹阳秣陵（今江苏南京）人，南朝医药学家、道教学者、炼丹家。他对《神农本草经》进行注释与增补，著成《本草经集注》一书，书中共载730种药物，他增补的有365种。

陶弘景出生于一个官宦世家，自小就异常聪慧，读书也极为勤奋，未及弱冠便被征请为诸王侍读。

他一生好学深思、广闻博求，具有非常强烈的求知欲望和学习精神。《梁书》中说，他"读书万余卷……虽在朱门，闭影不交外物，唯以披阅为务"。《南史》中说，他"读书万余卷，一事不知，深以为耻"。

他一生跨南朝宋、齐、梁三代，经历复杂，因通晓历代典章制度，曾兼管诸王室牒疏章奏等文书事务，后拜左卫殿中将军。

37岁是陶弘景人生的分水岭。那一年，陶弘景上表请求解职归隐。他在茅山（今江苏句容、金坛两县之间）隐居后，梁武帝萧衍仍然器重他，希望他能出山辅佐自己治理天下。

陶弘景一次次拒绝。他用"山中何所有，岭上多白云。只可自怡悦，不堪持赠君"答复梁武帝，说明他退隐的原因。他还作了一幅画来表达自己退隐的决心，这就是著名的《双牛图》：画面上，一头牛悠闲自得地在山间吃草，另一头牛则套着金笼头，被人牵赶着前行。

从此，梁武帝便不再勉强他。但是，每当遇到征讨吉凶之类的军国大事，梁武帝总是专门派人进山征求陶弘景的意见。由此，人们称陶弘景为"山中宰相"。

陶弘景通晓阴阳、五行、山川、地理、方舆、产物、医药、天文、历算等多方面的知识。他少时常习读葛洪的《神仙传》，颇受道家思想影响。他隐居后一心修道，以认真严谨的态度整理道教典籍，去伪存真，还创立了道教上清派。

陶弘景在药物学方面有很深入的研究。他首创"诸病通用药"名目，列出80多种疾病的通用药物，为医家检索提供了方便。

陶弘景还考订了药用度量衡，规定了汤剂、酒剂、膏药及丸散的制造常规。

在陶弘景生活的时代，本草书版本杂乱，在药物记载上存在各种文字矛盾。陶弘景认为这种混乱状态对本草学的发展非常不利，于是，下决心对本草书进行重新勘订整理。通过广泛搜集传世的本草著作，认真总结前人的药物学成果，陶弘景着重对《神农本草经》进行注释与增补，著成《本草经集注》一书。

陶弘景补注《神农本草经》，最大的难题是对数百种药物进行考订。他明确了常用药物的形态、种类及出产地，鉴别出药物的真伪优劣，介绍了药物的加工炮制方法，还区分了道家与医家的不同用药法，

等等。陶弘景学习儒家注经的方法，把自己的解说用小字写在药物正文之后，由此开创了药"经"文（药物正文）用大字，"注"文（后人增补的注释）用小字的体例。朱墨分书，大字为经，小字为注，成为此后本草书籍的基本体例，使本草资料和药物来源清晰明了。

《神农本草经》是中国目前已知最早的药物学专著，是后世本草学发展的源头。《神农本草经》之所以能够流传于世，多有赖于陶弘景对它的注释与补充。

陶弘景去世后，梁武帝下诏封他为中散大夫，谥贞白先生。

知识拓展

陶弘景曾长期进行炼丹实验，梁武帝送其黄金、朱砂、曾青、雄黄等原料，让其炼丹。他在炼丹过程中掌握了许多化学知识，例如，汞可与某些金属形成汞齐，汞齐可以镀物。陶弘景在化学方面的贡献之一是记载了硝酸钾的火焰分析法。这一记载，是世界化学史上钾盐鉴定的最早记录。

郦道元：
用脚丈量千百河流的地理学家

郦道元（？—527年），范阳郡涿县（今河北涿州）人，北魏时期伟大的地理学家。他遍历北方，留心观察水道等地理现象，为《水经》作注，写成《水经注》40卷，其具有重要的地理、历史及文学价值。

日本地理学家米仓二郎说，郦道元是中世纪世界上最伟大的地理学家。郦道元的主要著作有《水经注》40卷、《本志》13篇等，但只有《水经注》一种流传至今。

《水经注》是郦道元对《水经》的注释。《水经》是三国时期桑钦所著的一本地理学小册子，仅有1万多字，简单记述了全国137条主要河流的水道情况。《水经注》将原载水道扩充到1252条，是《水经》的近10倍；注文达30万字，是《水经》的20余倍。

郦道元在少年时代，就对地理考察有浓厚的兴趣。十几岁时，他随任青州刺史的父亲郦范居住在青州，经常与朋友一起到有山水的地方游览，观察水流的情况。他游历过临朐县的熏冶泉水，观看了石井的瀑布。瀑布奔泻而下的水流，激起了滚滚波浪和飞溅的水花，那铿

锵有力的巨大音响，在川谷间回荡。这美丽壮观的景色，使郦道元大为陶醉。

一天，郦道元的一位好友从南朝归来，他前去探望与之饮酒叙旧。朋友知道郦道元酷爱读书和游览山水，以一本《水经》相赠。郦道元见到此书大喜过望，与朋友道别后飞奔回家一连几天手不释卷。郦道元从字里行间感受到了世界的丰富多彩，以及各地不同的地域特色与河流走向。但《水经》仅仅有1万多字，对景物和河流的介绍不够翔实，这让郦道元有种想追根溯源的冲动。

日有所思，夜有所梦。相传，一日，郦道元在梦中遇到一人，此人自称是《水经》的作者桑钦。他说自己写作《水经》时匆忙，没有详细考察每一条河流、每一座山川，希望郦道元能对这部书中的内容进行详细的注释，说完消失不见。

郦道元醒来后直呼此梦不可思议，此事却正合他的心意，从此他真正开始了对《水经注》的编撰准备工作。

更难能可贵之处在于，郦道元并没有割裂地理学所强调的自然与人文各要素之间的密切关系，体现了地理学的综合性。

《水经注》在记述水道时，穷原竟委、旁征博引，记述水道的发源和流向，以及流经地区的山陵、原野、城邑、建置沿革、气候特征、农田水利、土地物产、行政区划、人口民族、城市聚落、历史事件、英雄人物、神话传说等，具有巨大的学术价值。如它对中国各地气候差异的详细描述为今天的古气候研究提供了宝贵的资料。

那么，为什么郦道元能够在那个时代完成这样一部在中国地学史上具有重要地位的巨著？

489年，郦道元承袭父爵出任尚书主客郎。此后10多年的京官生活，使他有机会外出巡行，从而了解各地的地理情况。从500年到515年，他又担任了长达15年的地方官，对治下的各地区颇为了解。也就是说，郦道元前后有近30年的时间去各地调查研究，为《水经注》做了大量资料收集工作。

此外，郦道元所处的时代战乱不断、人民流离转徙，客观上形成了一次"地理大交流"，促成了地理学家和地理著作的诞生。

《水经注》也存在一些瑕疵。由于南北分裂、对峙，郦道元的考察工作只能局限在北魏之内，对于包括长江在内的南方河流的研究，只能求诸文献资料，难免有所纰漏。

知识拓展

《水经注》在中国文学史上占有一定地位。它写水着眼于动态，写山则致力于静态，是魏晋南北朝时期山水散文的集锦、神话传说的荟萃、名胜古迹的导游图、风土民情的采访录。《水经注》在语言运用上也是变化多端、非常艺术的，仅就描写瀑布来说，它所用的词汇就有泷、洪、悬流、悬水、悬涛、悬泉、悬涧、悬波、颓波、飞清等。

贾思勰：立足实践的农学家

贾思勰（xié），生卒年不详，约活动于6世纪，山东益都（今寿光）人，南北朝时期杰出的农学家。他曾做过高阳（今山东临淄北部）太守，晚年以农牧为业。他约于533—544年间完成中国第一部农业百科全书《齐民要术》，被尊称为"农圣"。

如何种地，是一门很精深的学问。贾思勰是中国古代一位杰出的农学家，我们今天农业生产中的很多经验和优良传统，都是从他开始形成的。

贾思勰出生于一个农民世家，虽然家庭不算富裕，但全家人都喜欢读书。十七八岁时，贾思勰开始走上仕途，他曾到高阳做太守，并因此去过山东、河南等许多地方。他每到一处，都认真考察当地的农业生产技术，并虚心向百姓请教如何耕作，因此积累了许多农业生产方面的知识。

贾思勰经常亲自种植、饲养。有一次，他养了200只羊。结果一段时间后，羊死了很多。他想，羊可能是饿死的，便准备了更多的饲料。但又过了一段时间，羊还是死了很多。贾思勰百思不得其解，听说百里之外有一个养羊能手，就起身去请教他。养羊能手仔细询问了贾思勰养羊的情况后，找到了羊死亡的原因。原来是贾思勰随便把饲料扔在羊圈里，羊在上面踩来踩去，粪便也都排在上面。羊不肯吃这种饲料，就饿死了。于是，贾思勰在养羊能手家里住了好多天，认真观察了他的羊圈，学习了一套丰富的养羊经验。回去后，他按照这些养羊的方法去做，羊全部成活了。

贾思勰具有非常可贵的求真务实和逻辑实施精神。《氾胜之书》中说，黍子的播种密度应比谷子稀些。贾思勰有所怀疑，便在同一块地里做实验。他用一样的方法播种了两条黍子，一条和谷子密度相同，一条稀于谷子。结果发现，稀植的黍子，棵丛虽然大些，但米色黄，不饱满，空粒多；密植的黍子，棵丛小，但米色白，颗粒饱满，成熟一致。由此，他得出结论——黍子更适合密植。

通过日积月累的实践和学习，贾思勰的农业生产知识越来越丰富。他将自己积累的许多古书上的农业技术资料，请教百姓获得的丰富经验，以及亲身实践后的体会，加以分析整理和归纳总结，写成了农业科学技术巨著《齐民要术》。

《齐民要术》是一部古代农学经典，在中国农学史上占有重要地位。《齐民要术》中的"齐民"指平民百姓，"要术"指重要的方法，它是贾思勰对黄河中下游地区劳动人民农业生产活动经验的科学记录和总结。

11万余字的《齐民要术》在今天看来可能只是一本小册子，但在

当时堪称巨著。因为那时雕版印刷还未出现，书籍的复制只能靠手抄，11万字已是相当大的工程。可以说，这本书凝结了贾思勰一生的心血。

知识拓展

《齐民要术》同时受到农史学家、经济史学家、食品史学家的称颂。农史学家指出，《齐民要术》中旱地农耕作业的精湛技艺和高度理论概括，使中国农学第一次形成精耕细作的完整体系。经济史学家将《齐民要术》看作是封建地主经济的经营指南。有人提出应该称它为全世界最早、最完整的封建地主的家庭经济学。从事农产品加工、酿造、烹调、贮藏的技术工作者都可以从书中找到古老的配方与技法，因而食品史学家对《齐民要术》也颇为珍视。

孙思邈：长寿药王

孙思邈（约581年—682年），京兆华原（今陕西铜川）人，中国古代著名医药学家。他最早提出单独设置妇科和儿科，著有《千金要方》《千金翼方》《唐新本草》，被后人誉为"药王"，奉为"医神"。

孙思邈天资聪颖，勤攻苦读。他的家乡盛产药材，他一面学习医书，一面背着药篓，穿山越岭，进山采药。采药回来后，他将这些药草一一晾晒，晒干后加工成中药。每一种药草的药性、治疗的疾病，孙思邈都会认真研究。药是有副作用的，有些不知名的药草毒性特别强，一不小心就会把人毒死，孙思邈每次都是冒着生命危险才能获得第一手资料。

孙思邈的医术高超，很多人得了病都会来找他看。山村里，有的人白天视力正常，一到了晚上，什么也看不见，不知得了什么怪病，便来询问孙思邈。孙思邈发现，患这种病的都是穷人，他们天天干活，吃不饱饭，更谈不上补充营养。医书中有"肝开窍于目"的说法，他便让这些病人上山打猎，吃这些猎物的肝脏。果然，这些病人慢慢地

恢复了。

唐贞观年间（627年—649年），太宗李世民的长孙皇后怀孕已十个多月仍不分娩，还患了重病，卧床不起。虽经不少太医医治，但病情一直不见好转，大臣徐茂公便将孙思邈推荐给太宗。

在封建社会，由于有"男女授受不亲"的礼教束缚，医生给宫内妇女看病，大都不能接近身边，只能根据旁人的口述，诊治处方。孙思邈一面叫来了皇后身边的宫娥采女细问病情，一面要来了太医的病历处方认真审阅。他根据这些情况，做了详细的分析研究。然后，他取出一条红线，叫采女把线的一端系在皇后的右手腕上，另一端从竹帘里拉出来。孙思邈捏着线的一端，在房外开始引线诊脉。

没有多大工夫，孙思邈便诊完了皇后的脉。他吩咐采女将皇后左手扶近竹帘，接着看准穴位猛扎一针，皇后疼痛，浑身一颤抖。不一会儿，只听得婴儿呱呱啼哭之声。唐太宗大喜，欲留孙思邈在朝执掌太医院，但他不愿在朝为官，立志漂泊四方为广大人民群众舍药治病，并撰写医书济世活人。

一次，孙思邈路遇一队送葬之人。队伍过后，地上的几滴异样鲜血引起了他的注意，他连忙追上去询问。原来，棺内装着一位少妇，因难产刚刚去世。孙思邈俯身嗅闻血迹，断定此人还有救，于是说服丧者的亲人打开棺椁。棺椁打开后，他找准少妇的穴位，一针下去。片刻，少妇全身抽动，慢慢苏醒，并顺利生下一名男婴。

约在50岁后的10多年里，孙思邈选择了隐居。他曾到过终南山、峨眉山，还隐居于太白山、五台山等地。

孙思邈的两部重要著作为70岁时写成的《千金要方》和百岁时写成的《千金翼方》。孙思邈说，"人命至重，有贵千金，一方济之，德逾于此"。两部著作因此得名，其中可见孙思邈对医德的注重。

孙思邈还把老庄学说中的"静功"与华佗的"动功"结合起来，讲究食疗、卫生、起居有规律。他是他提出的长寿养生方法的践行者，到 90 多岁时，他还"视听不衰，神采甚茂"。

孙思邈不图富贵名利，过着贫穷的生活，一生致力于为百姓解除痛苦。他不仅会腾出房子给远道而来的病人居住，还会亲自熬药给病人喝。无论白天黑夜，只要有人请他看病，他风雨无阻，从不推辞。

后人为了纪念这位"药王""医神"，立碑塑像，举行各种纪念活动，还把他隐居过的五台山改称药王山。

知识拓展

食疗是在中医理论指导下利用食物的特性来调节机体功能，以获得健康或预防疾病的一种方法。早在一千多年前，孙思邈就认识到了食疗的重要性，在《千金要方》中撰有食治专卷。例如，他提出将细谷糠、麦麸皮煎汁服用，并将每日的主食全部改为粗粮糙米来治疗脚气病。他认为，对疾病的治疗应当药食并重，要把药疗与食疗结合起来，提倡药食两攻的方法。

毕昇：活字印刷术的发明者

毕昇，籍贯、生卒年不详，活动于北宋庆历年间（1041年—1048年），活字印刷术的发明者。他发明的活字印刷术，使中国的印刷术发生根本性变革，影响了世界文明的进程。

沈括在《梦溪笔谈》中记载，毕昇是北宋一位并不出名的雕版工人。然而，毕昇却成为世界上第一个发明活字印刷术的人。

毕昇出生于一个贫苦的农民家庭，吃饱穿暖已经很不容易了。他小时候没有玩具，只好自己用泥巴捏玩具，一些小鸡、小狗捏得像模像样。春天到了，他和其他孩子一起扎风筝。这样在玩耍中长大的孩子动手能力强，学东西也快。

我国汉代以前，读书要靠手抄。汉灵帝时，蔡邕把文章刻在石头上，有人把它拓下来，这是最原始的"印刷术"。唐朝中后期，雕版印刷的使用已相当普遍。雕版印刷即把字反刻在一块平整的木板上，刷上墨，铺上纸，印出正字。它的局限性在于费时又费木料，印大部头的书往往要花费几年的时间，而且存放版片也要占用很大的地方。需要大量印书时，雕版印刷的局限性就表现得更为明显了。

毕昇当时生活在杭州——雕版印刷业的中心城市之一。毕昇在十几岁的时候拜了师父学习印刷术。印刷术这个工作说起来简单，但是做起来比较难。首先，木板硬度要好，不容易变形；然后，刻字要求字体工整好看。有时候用力不当，即将要完成的版面就作废了。或者刻好的木板过一阵子开裂了，字体不成形了，字体就无法完整地印刷在一张纸上，字迹模糊不清。而且，雕版中还常常会出现坏字。遇到这种情况，只能把正确的字或笔画刻在木楔中，请木匠加楔（将木楔打入）修正。毕昇由此想到，如果刻一个一个的字，根据需要印的书灵活组合，印完拆散再组合，可能比用一块一块的雕版更省工、省料。他用胶泥刻字、烧字，用木格贮藏活字，并贴上标签按古代音韵次序排列。这样，字找起来就像查字典一样方便了。

印书时，他把拣出的活字，成句排在铺着松脂、石蜡和灰纸的铁板上，然后在四周围上铁框，用火加热，使松脂、石蜡融化，再用平板把字压平，冷却后凝结成板，刷墨、铺纸便能印成书。印完后铁板再加热，蜡熔了就可以把字拆下来放回原处。

毕昇和同事们一般交替使用两块铁板，第一块印完，第二块已经排好了字，周转灵活。与雕版印刷相比，活字印刷快速、便捷，"字"还可以反复使用，大量印书也不再是难题。

毕昇发明的活字印刷术是非常超前的。德国人谷腾堡于1444—1448年间，用铅、锡、锑合金制成欧洲拼音字母活字，是目前所知欧洲最早的活字印刷，比毕昇发明的活字印刷术晚了约400年。

后人在毕昇发明的活字印刷术的基础上，又制成了木活字、

锡活字、铜活字、铅活字等。清朝用铜活字印刷的《古今图书集成》，是当时世界上最大的百科全书。

活字印刷术从12世纪开始传入朝鲜、日本、波斯、埃及，以及欧洲国家，对世界文明的发展与传播做出了巨大贡献。印刷术和火药、指南针一并，被马克思称为"预告资产阶级社会到来的三大发明"。

知识拓展

我们今天使用的汉字激光照排印刷术，首先把每一个汉字编成特定的编码，存储到计算机，再用激光束直接扫描成字。20世纪80年代，中国著名科学家王选主持发明了汉字激光照排系统。激光照排的发明废除了中国沿用数百年的铅字印刷，使中文印刷业告别了"铅与火"，大步跨进"光与电"的时代。

沈括：科学全才

沈括（1031年—1095年），浙江钱塘（今杭州）人，北宋科学家、政治家。他精通天文、数学、物理学、化学、气象学、地理学、农学和医学等，著有被英国学者李约瑟誉为"中国科学史上的坐标"的科学巨著《梦溪笔谈》。

沈括是一位很有才华的人，他不仅是一位科学全才，在政治、军事等方面也很有才干。他14岁读完家中藏书，并跟随在泉州、简州（今四川简阳）等地出任官职的父亲游历，见多识广。

沈括24岁开始在县里任职，出任过几个地方的县令，修水利、兴农业、善民生，表现出政治才干。33岁中进士后，他出任各领域官职，能编会写、能征善战、能管理财政和绘制地图，兼通科学和实业，才能卓越。

沈括晚年官场失意，专心研究学问。他把自己一生的研究成果记录下来，著成《梦溪笔谈》。该书内容广博，除科学技术外还涉及政治、军事、经济、哲学、历史、法律、文学等。

广博的知识是沈括刻苦学习得来的,他很喜欢进行科学观察,看问题精细、深刻,有自己独到的见解。

为了测定北极星的准确位置,沈括曾经坚持3个多月,每天在上半夜、午夜、下半夜起床,观天象、画星图。3个多月共画出200多幅图。

绘制全国地图,一直是沈括的理想,即使公务繁忙,他也随身带着图稿,有空闲时间就画一点。他被罢官以后,被软禁在湖北随州的法云禅寺里。在这里,他正好有时间细细整理、反复修改。经过专心致志、夜以继日地绘制,他最终编绘出了《天下州县图》。这幅地图总图高近4米,宽3.3米,附有19幅分图,从第一幅草图开始到最后完成,花费了10余年时间。

沈括很喜欢动手做实验。他剪了一个小纸人,让其"骑"在一根琴弦上,再拨动另一根琴弦,小纸人便振动起来,于是他推断这根琴弦在共振。这就是声学上的共振现象。

沈括善于观察,勤于思考。诗人白居易在唐元和十二年四月九日(817年4月28日)写过《大林寺桃花》一诗,其中写道:人间四月芳菲尽,山寺桃花始盛开。有人认为,那时桃花早就开过了。沈括却认为深山比较寒冷,花开得迟,诗人尊重了客观事实。现代科学测定,高度每升高200米,气温平均要下降1摄氏度。可见,沈括的见解是正确的。

沈括还运用他的科学才能帮助北宋解决了不少政治问题。有一年,辽国使者访宋,要求以山西北部的黄嵬山为界,重新划定两国边界。这将使宋朝的疆土向南压缩数十里。当朝大臣没有几人知道黄嵬山的精确位置,辽使留在使馆不肯离去,朝堂之上人心惶惶。这时,精通地理的沈括从枢密院里翻出了宋辽间的划界依据。按照《澶渊之盟》，宋辽以白沟河为界，而黄嵬山在白沟河以南，是宋朝的固有领土，不存在任何争议。辽使不知黄嵬山的准确位置，自觉心虚，最终无功而返。

《宋史》记载，"括博学善文，于天文、方志、律历、音乐、医药、卜算，无所不通，皆有所论著"。沈括是中国古代的一位科学巨人，他的《梦溪笔谈》是中国古代科技史上一颗闪亮的星星。

知识拓展

《梦溪笔谈》是笔记体综合性科学巨著。全书共30卷，600余篇笔记，反映了宋代在科学技术上所取得的辉煌成就。如在物理学上，详细描述了凹面镜成像和小孔成像的规律；最早用实验证明了声学的共振现象。

秦九韶：
中国数学史上的一座里程碑

秦九韶（约1202年—1261年），普州（今四川安岳）人，南宋著名数学家。他精通星象、音律、算术、诗词、弓、剑、营造之学，著有《数书九章》，与李冶、杨辉、朱世杰并称"宋元数学四大家"。

秦九韶出生于一个书香门第、仕宦之家。他的祖父官至通议大夫，父亲曾任工部郎中和秘书少监。他的祖母和母亲，均出身于书香门第家庭。在长辈的熏陶之下，秦九韶接受了良好的家庭教育。

秦九韶是一个非常聪明的人，处处留心，好学不倦。他的父亲任工部郎中和秘书少监期间，正是他努力学习和积累知识的时候。工部郎中掌管营建，而秘书省则掌管图书，其下属机构设有太史局。因此，他有机会阅读大量典籍，并拜访天文历法和建筑等方面的专家，请教天文历法和土木工程问题，甚至可以深入工地，了解施工情况。他曾向一位精通数学的隐士学习数学，还向著名词人李刘学习骈俪诗词，达到较高水平。通过这一阶段的学习，秦九韶成为一位学识渊博、多才多艺的青年学者。

1225年，秦九韶随父亲至潼川，担任过一段时间的县尉。1236年，元兵攻入四川，嘉陵江流域战乱频繁，为官的秦九韶不得不时常参与军事活动，饱受战争之苦。战乱频繁，潼川已难安居，于是秦九韶再度出川东下。

1244年，秦九韶的母亲病逝，他辞官守孝3年。在这一段时间里，他远离官场纷争和战乱侵扰，专心致志地研究历法。他在研究的过程中发现一个问题：由于算术不够精准，年份越远历法误差越大。于是，他就想先研究好算术，再以此为基础来研究历法。在这3年时间里，他写成了20多万字的数学巨著《数书九章》。

《数书九章》的内容非常丰富，包含天文、河道、水利、建筑、几何图形、钱粮和体积等一系列的计算和换算。其中很多算法和求得的常数在今天依旧极具参考价值，被誉为"算中宝典"。

在中国数学史上，广泛流传着韩信点兵的故事。韩信是汉高祖刘邦手下的大将，他英勇善战，智谋超群，为汉朝的建立立下了卓绝的功劳。据说，韩信的数学水平也非常高超，他在点兵的时候，为了保住军事机密，不让敌人知道自己部队的实力，先令士兵从1至3报数，然后记下最后一个士兵所报之数；再令士兵从1至5报数，也记下最后一个士兵所报之数；最后令士兵从1至7报数，又记下最后一个士兵所报之数。这样，他很快就算出自己部队士兵的总人数，而敌人却不知道这个数字。

《孙子算经》早就对这类问题有过研究，不过只是具备雏形，远谈不上完整。因为提出得早，后人把这一命题及其解法称为"孙子定理"。秦九韶在《数书九章》中推广了这类问题的解法，弥补了其中的不足，提出了"中国剩余定理"。

秦九韶在数学上的主要成就是系统地总结和发展了高次方程数值解法和一次同余式组解法，提出了相当完备的"正负开方术"和"大衍求一术"（中国剩余定理），达到了当时世界数学的最高水平。

秦九韶是中国数学发展史上的一座里程碑。他创作的《数书九章》，不仅仅被世界认可，也成为历史学家研究南宋社会经济文化生活的重要参考文献资料。

知识拓展

中国剩余定理，是数论中的一个关于一元线性同余方程组的定理，说明了一元线性同余方程组有解的准则及求解方法。最早可见于《孙子算经》卷下第26题，原文是：有物不知其数，三三数之剩二，五五数之剩三，七七数之剩二。问物几何？即，一个整数除以三余二，除以五余三，除以七余二，求这个整数。在秦九韶之后，明朝数学家程大位将解法编成歌诀：三人同行七十稀，五树梅花廿一支，七子团圆正半月，除百零五使得知。

郭守敬：
将毕生献给星空和大地的科学家

郭守敬（1231年—1316年），顺德邢台（今河北邢台）人，元代杰出的科学家。他在天文、历法、水利和数学等方面都取得了卓越的成就。他于1280年参与编订的《授时历》，成为当时世界上最先进的一种历法。

郭守敬于1279年组织进行的"四海测验"（当时在全国范围内进行的一次规模空前的地理纬度测量活动），成为我国解决中菲黄岩岛外交争端事件的有力科学证据。

1279年，郭守敬上书忽必烈，建议在全国建立天文观测站，对当地冬至和夏至日影长度、昼夜时刻数和北极出地高度进行测量。

忽必烈听后十分赞赏，立即派人在东至今朝鲜，西极今云南，南逾今西沙群岛，北尽今俄罗斯东西伯利亚的广大区域内，建立了27个天文观测站。

南海是选定先测的6个测点的第一个点，也是最南端的一个测点。

忽必烈特令郭守敬亲自抵达南海进行测验。按照夏至晷景和昼夜时刻推算，当时的南海测点正位于今天我国的西沙群岛黄岩岛一带。这说明，在元代黄岩岛已经是我国的领土。

郭守敬出生于一个殷实的家庭，从小跟随祖父郭荣长大，得到了良好的家庭教育。郭荣不仅通晓五经，还精通数学和水利之学，这对郭守敬产生了很大的影响。郭守敬用功好学、勤于思考，自小就表现出了对天文观测的浓厚兴趣，以及在仪器制作方面的才华。

北宋学者燕肃发明了莲花漏，这是一种计时仪器，其构造和制作工艺已经失传，没有人知道它的工作原理。十五六岁时，郭守敬就能根据一幅莲花漏的拓片，阐明它的工作原理。

1247年，郭守敬跟随祖父的朋友刘秉忠、张文谦等饱学之士在今河北武安读书，他的同学有数学才华突出的王恂，这为他日后从事科学事业奠定了良好基础。

郭守敬的一生是富于创造性的一生，他的科学贡献分布在天文学、数学、水利等多个方面。

在天文学方面，郭守敬参与编订的《授时历》提出一回归年为365.2425，比现在通行的公历（格里历）早了301年。《授时历》在中国沿用360多年，是中国古代最精确、使用时间最长的一部历法。

传教士汤若望于1622年来华，当他了解到郭守敬在天文学方面的成就时，情不自禁地赞扬他为"中国的第谷"。第谷是欧洲近代天文学的奠基人，对欧洲人来说，这确实是一种至美的赞誉。

在数学方面，郭守敬和同学王恂创立了三次差内插法，比牛顿提出的同类公式早396年。在兴修水利方面，他修治河渠水道数百余处。他 30 多岁时在西夏治水，60 多岁时在大都治水，在大都治水中创造性修筑的白浮堰和 24 座闸坝被水利学家誉为世界水利史上的两大奇迹。

知识拓展

光的直线传播性质，在中国古代天文历法中得到了广泛的应用。我们的祖先制造了圭表和日晷，测量日影的长短和方位，以确定时间、节气；在天文仪器上安装窥管，以观察天象，测量恒星的位置。仰仪也是利用小孔成像原理观测日食——太阳光通过小孔在凹面上成像。利用仰仪可以清楚地看到日食的全过程。

黄道婆：纺织技术革新者

黄道婆（13世纪中叶—14世纪初），松江乌泥泾（今属上海）人，宋末元初棉纺织专家。她革新了纺织技术，制造擀、弹、纺、织等专用机具，总结出"错纱配色、综线挈花"的织造技术。

黄婆婆，黄婆婆，

教我纱，教我布，

二只筒子，两匹布。

……

  黄道婆是一位教人织纱织布的婆婆，这首在上海地区流传的民谣，表达了人民群众对她的歌颂和纪念。

  黄道婆是位平凡的劳动妇女，出生在一个穷苦的农民家庭，十二三岁时就被卖给人家做童养媳。她白天下地干活，晚上纺线织布到深夜，还要遭受公婆的虐待和丈夫的打骂。沉重的苦难摧残着她，也磨炼了她。

有一天，她在地里干了一整天的活，天黑才回家。她实在疲劳极了，想稍微歇息一会儿再做饭。公婆说她偷懒，恶毒地骂她，不通人性的丈夫又把她毒打一顿，将她锁在柴房中，还不给她饭吃，不准她睡觉。她再也无法忍受这种非人的折磨，决心逃出去另寻生路。

夜深人静时，她趁其他人都睡着了，在墙上挖了个洞逃跑出来，躲到黄浦江上的一艘即将出海的船上。她把自己的身世告诉船主，请他把自己带到远方。就这样，黄道婆随船南渡到海南崖州。

在海南，热情淳朴的黎族同胞接受了她，与她共同劳动，还把他们的纺织技术毫无保留地传授给她。黄道婆在家乡也学过纺纱织布。在家乡，棉籽是用手剥的，又慢又麻烦。弹棉花用的是小竹弓，不仅操作费劲，弹出来的棉花也不够松。她看到黎族妇女的纺织技术比家乡的先进得多，纺织工具也很巧妙，织出来的布又细又匀，心里很羡慕，决心学会黎族的纺织技术。黄道婆聪明勤奋，融合黎汉两族人民纺织技术的长处，逐渐成为一个出色的纺织能手。她在当地大受欢迎，和黎族人民结下了深厚的情谊。

约1295年，年近50岁的黄道婆带着踏车、椎、弓等棉纺织工具回到了阔别30多年的松江。黄道婆重返故乡时，长江流域已经大面积普及了植棉业，但纺织技术仍然很落后。黄道婆在劳动实践中，一边教家乡妇女黎族先进的棉纺织技术，一边对棉纺工艺进行系统改革。

她改进了黎族用铁杖擀棉去籽的技术，创造出搅车轧棉籽技术，大大提高了效率；改变松江原来用手指拨线弦、小竹弓弹棉花的方法，引进黎族的绳弦大竹弓；把一锭一线的手摇式纺车改造成当时世界上最先进的三锭三线脚踏式纺车；还采用"错纱配色"和"综线挈花"技术，

织出好看且细致的布，布上有传统的折枝、团凤、棋局等图案。

在黄道婆的带动下，松江一带很快就成为全国的棉纺织业中心，历经几百年而不衰，造福了一方百姓。乌泥泾被成为当时驰名全国的纺织品，松江布远销到欧美国家。

到现在，苏杭一带仍然是全国纺织业的核心区域，这与黄道婆在700多年前奠定的基础是分不开的。

黄道婆去世后，村民感念她的恩德，为她造墓树碑，建祠塑像，奉祀香火，敬如神祇。当地的村民还形成了一个风俗：年轻姑娘开始学习纺织之前，都要先进黄祠进香祈福，祈求黄道婆的庇佑，赐一双巧手，织一手好布。

知识拓展

在过去的半个世纪里，纺织业在中国既是传统产业，也是优势产业，为国民经济做出了巨大的贡献。随着高科技产业的发展和国民经济结构的调整，特别是国有企业的改革，纺织业面临的问题进一步凸现，如企业重组、劳动生产率低下、设备陈旧和技术落后等。即使如此，中国纺织业仍然是一个大型产业，并在整个经济结构中占据重要的地位。

王祯：集农器之大成的农学家

王祯（约1271年—1330年），山东东平人，中国古代农学家、农业机械学家。他十分重视推广农业生产技术，在元大德四年（1300年）左右著成的《农书》，是中国古代重要的农业典籍之一。

王祯是中国古代著名的四大农学家之一，同汉代的氾胜之、后魏的贾思勰、明代的徐光启齐名。

王祯曾在宣州旌德和信州永丰任县尹（县官）。他廉洁奉公，劝农兴桑，积极发展农业生产。旌德、永丰两县民众对他十分敬重。

他在旌德任县尹时，过着极为俭朴的生活，从未搜刮过民财。他捐出自己的部分薪俸，办学校、建坛庙、修桥梁，兴办了不少造福于民的公共事业。他还兼施医药，救济穷苦有病的人。

旌德多山，耕地大部分是山地。有一年碰上旱灾，眼看禾苗都要旱死，农民心急如焚。王祯看到旌德许多河流溪涧有水，想起从家乡东平来旌德的时候，在路上看到了一种水转翻车，可以把水提灌到山地里。王祯立即开动脑筋，画出图样，又召集木工、铁匠赶制，组织

农民抗旱。就这样，水转翻车使旌德几万亩山地的禾苗得救了。

　　无论在旌德还是在永丰，王祯坚持劝导农桑，每年规定农民种植桑树若干株；对麻、禾、黍等作物，从播种到收获的方法，都一一加以指导；还画出各种农具图形，让百姓仿造试制使用。他还"以身率先于下""亲执耒耜，躬务农桑"。在永丰县尹任内，王祯以奖励农业和教育为主要任务，经常购买桑树苗、棉花籽教导农民种植，鼓励他们种好庄稼。

　　王祯认为，吃饭是百姓的头等大事，作为地方官，如果不熟悉农业生产，不懂得农业知识，就很难尽到劝导农桑的责任。因此，他不仅搜罗历代农书，孜孜研读，而且留心农事，注意观察各地的农事操作和农业机具。每到一地，他就传播先进的耕作技术，引进农作物的优良品种，推广先进农具。这些做法为他后来撰写《农书》积累了丰富的农业知识和材料。

　　《农书》大约是王祯在任旌德县尹期间着手编写的，直到调任永丰县尹后才完成。《农书》体现了农业生产因时、因地制宜的原则。为了贯彻"地宜"原则，王祯根据全国各地的风土和农产知识创制了一幅《全国农业情况图》，帮助人们辨别各地不同的土壤，因土种植、因土施肥。《农书》闪耀着农业科学的光辉，充满了深刻的农学思想：一是天、地、人、物的和谐统一思想；二是方、物、器的协调一致是实现天、地、人、物的和谐统一的重要手段；三是农、林、牧综合经营的大农业概念；四是把传统哲学中的部分概念，如元气、阴阳、五行、尚中等作为理论思维工具。

　　王祯还是一名出色的印刷技术革新者。他认为毕昇发明的胶泥活字印刷术有难以上墨、容易印坏等缺点。他经过多次试验,发明了木活字印刷和转轮排字法。他把印刷经验写成文字,附在《农书》中,是印刷史上宝贵的文献。

木活字印刷在元代得到推广,明清两代的古典书籍,大多都是用木活字印刷的。

知识拓展

元朝虽然统治时间短,却出现了中国历史上三部重要的农书。这三部农书除王祯的《农书》外,还有《农桑辑要》和《农桑衣食撮要》。《农桑辑要》是元代专管农桑、水利的中央机构大司农司组织编写的,是中国现存最早的官修农书。该书第一次将蚕桑和棉花等经济作物放在与粮食生产同等重要的地位。《农桑衣食撮要》在写作方法上采用了月令体形式,全书记述以农桑为主,还包括林、牧、副、渔各业。

李时珍：尝遍百草的医药学家

李时珍（1518年—1593年），蕲州（今湖北蕲春）人，明代著名医药学家。他参考历代医药书籍，结合自身经验和调查研究，编成《本草纲目》一书，该书是中国古代药物学的总结性巨著。

李时珍出生于儒医世家，从小对新奇事物和医学典籍颇感兴趣。他14岁考取秀才后，三次乡试皆未及第，决定弃儒从医。

有一天，李时珍和父亲正在诊病，几个人拉着一位郎中涌进诊所，让李时珍帮忙鉴定为什么这位郎中开的药方没有治好病，反而使病人的病情加重。李时珍端起药渣，仔细查看后发现，这是古医书上的错误，把漏篮子和虎掌两种药物混为一谈了。

不久，一位医生为一名精神病人用了一味叫防葵的药，病人服药后很快就死了。还有一个身体虚弱的人，吃了医生开的一味叫黄精的补药，也莫名其妙地去世了。

这些事情给了李时珍很大的触动：古医药书籍蕴含着丰富的知识和宝贵的经验，但也存在着一些漏误。

在此后的十多年中，李时珍沉浸在浩如烟海的医书宝库中，熟读《黄帝内经》《神农本草经》等历代著名医书，以及大量关于花草树木的书籍。他的笔记装了满满几柜子，为修订本草积累了许多珍贵资料。

李时珍一边读书，一边实践，他的医术很高明，曾被聘为王府的奉祠正。后来，他又被推荐到太医院工作。虽然在太医院任职期间的情况并不如意，但他得以经常出入太医院的药房及御药库比较、鉴别各地的药材，还有机会广泛阅读皇家珍藏的丰富典籍。这些经历都为他修订本草奠定了基础。

1552年，李时珍开始编写《本草纲目》。为收集和积累更多资料，他丢下书本，走出家门，到山间田野实地对照辨认药物，足迹遍及大江南北，行程达两万余里。李时珍到武当山、庐山、茅山、牛首山及湖广、安徽、河南、河北等地收集药物标本和处方，又拜渔人、樵夫、农民、车夫、药工、捕蛇者为师，参考历代医药等方面的书籍925种，考古证今，穷究物理，三易其稿，完成巨著《本草纲目》。

蕲州有一种毒蛇，叫蕲蛇，是很贵重的药材。为了验证医书上一些关于蕲蛇的记录，李时珍在捕蛇人的帮助下，冒着生命危险，爬上了又高又险的龙峰山。在一个杂草丛生的山洞里，李时珍亲眼看到了凶猛的蕲蛇——满身黑底白花，正在吃着一种长满绿色小圆叶的野藤。他还亲眼看到捕蛇人捕捉蕲蛇，把蛇剖开、洗净、烘干成药材。在《本草纲目》中，李时珍详细记录了蕲蛇的形状、产地、习性、药用价值，并纠正了医书中的错误说法。

注：穿山甲于2020年6月被列入国家一级保护动物，禁止私人捕杀和食用

李时珍还跟着几个砍柴人和猎人一起到深山中，捕捉穿山甲。李时珍剖开了穿山甲，发现它的胃里有差不多1升蚂蚁。穿山甲是怎么吃蚂蚁的呢？李时珍又到深山中观察，亲眼看到穿山甲扒开蚁穴，把头伸进去，用舌头舔蚂蚁吃。当时，人们都说穿山甲可以作为药材，却对它的习性了解很少，在《本草纲目》中，李时珍详细记录了穿山甲的习性。

　　《本草纲目》不仅是中国药学的集大成之作，还反映了中国古代对自然界动植矿物等的分类思想，是一部伟大的博物学著作和可供后世开展科学研究的重要文献。明代著名文学家王世贞在《本草纲目》序中称之为"性理之精微，格物之通典，帝王之秘箓，臣民之重宝"。达尔文称之为"中国古代百科全书"。从17世纪起，《本草纲目》陆续被翻译成日、德、英、法、俄等国文字。

　　后人为纪念李时珍，于中华人民共和国成立后，在其故里蕲州城东雨湖之滨建成李时珍陵园。

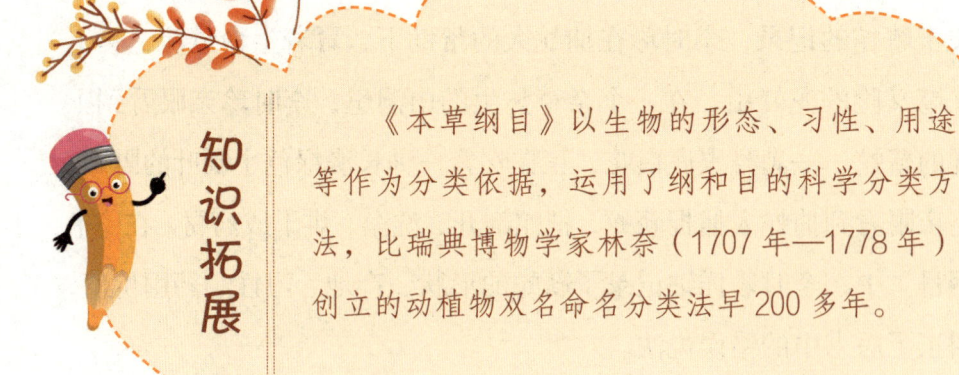

知识拓展

《本草纲目》以生物的形态、习性、用途等作为分类依据，运用了纲和目的科学分类方法，比瑞典博物学家林奈（1707年—1778年）创立的动植物双名命名分类法早200多年。

徐光启：学贯中西的大师

徐光启（1562年—1633年），吴淞（今属上海）人，明代著名科学家、政治家。他官至礼部尚书兼文渊阁大学士、内阁次辅。他曾跟随传教士利玛窦学习西方的天文、历法、数学、测量和水利等科学技术，为中西文化交流做出了重要贡献。

上海的徐家汇位于肇嘉浜、李漎（cóng）泾与浦江塘三条河流的交汇处，徐光启逝世后归葬此地。清代至民国，徐光启孙辈的其中一支移居此地，徐家汇因此得名，该区也被叫作徐汇区。

徐光启的祖父因经商而致富，但到父亲一辈时家道中落，只好以务农为生，全家仅靠几亩薄田勉强度日，生活很贫困。他的父亲原本为读书人，迫于生计，才半路改行当农民。由于力气不足，他的父亲总喜欢寻找一些省力高效的窍门，经常拜访各地老农，请教相关种田知识。这时，徐光启就会跟着前往开眼界。

尽管家里很穷，但在徐光启7岁那年，家里还是送他上了学。19岁那年，徐光启一举考中秀才，从而获得了一定的社会地位和经济补

贴，生活得到一些改善。但徐光启考了六次才考中举人，此时他已经35岁。

1600年，徐光启赴北京考试，路经南京拜谒恩师焦竑时结识了意大利传教士利玛窦，两人一见如故、惺惺相惜。徐光启比利玛窦小10岁，视其为兄长；利玛窦称徐光启是"海内博物通达君子"。利玛窦在传布教义的同时，热心介绍西方科学知识。这是徐光启学习、接受并传播西方科技的起点。

1604年，徐光启终于考中进士，开始了为期3年的翰林院的学习生活。此时，利玛窦在北京传教，徐光启经常布衣徒步找到他，向他请教数学、天文、历法、火器、水利等科学知识。徐光启于1606年秋开始，与利玛窦合作翻译古希腊著名数学家欧几里得的《几何原本》。他一离开翰林院，就赶到利玛窦那儿，利玛窦讲述，徐光启笔译。第二年春，徐光启译出了前六卷，那时欧洲的学校也只教前六卷。《几何原本》是第一部被翻译成中文的西方数学名著，中国由此引进了西方近代数学基本理论体系。

父亲去世后，徐光启回乡守孝。有一次，一位从福建来的朋友给他带来了番薯（红薯）。徐光启从来没有见过番薯，于是托人从福建运来了一些，在自己的园子里种了起来。获得成功后，他将种植细节撰写成通俗易懂的《甘薯疏》。这本书不仅让当时遭遇特大洪灾的无数江南难民有粮可吃，还为他后来完成农学巨著《农政全书》奠定了坚实的基础。

63岁时，徐光启撰成《农政全书》。全书60卷，共70余万字，其中有他亲身实践的经验记载，有他对别人书籍的评论，有他对经验丰富的老农的访问记录。

徐光启在古稀之年奉崇祯皇帝之令修订《大统历》，他采用经纬度、天体运行体系等当时世界上先进的天文学概念，编成卷册浩瀚、比《大统历》精确得多的《崇祯历书》。

后人为纪念徐光启，将位于上海徐家汇的徐光启墓扩建为光启公园，园内建有徐光启纪念馆。

知识拓展

西学东渐通常包括明末清初及晚清民国两个时期，指的是西方科学技术和学术思想向中国传播的历史过程。西学东渐第一阶段特指伴随着传教士来华传教而展开的西方科学技术传入中国的历史事件；第二阶段是从晚清到民国发生的西学东移和科技转型。

宋应星：实学大家

宋应星（约 1587 年—1666 年），江西奉新人，明代著名科学家。他著有《天工开物》，其中记录了明代中后期农业和手工业生产的技术状况，是了解中国古代科学技术成就的重要著作。

宋应星出生于一个没落的官僚家庭，与生长在高墙深宅内的富家子弟不同，他有很多机会和平民百姓在一起，并接触农田、作坊，了解粮食、布帛的来历和社会下层的疾苦。他从小记忆力就很好，喜欢读经史和诸子百家，认同唯物主义自然观，非常推崇张载。受张载的影响，他对天文学、农学，以及制造学有很大兴趣。家附近的纸坊、油坊、织坊和砖窑是他常去的地方，原料到成品的生产过程常常能吸引他的目光。他还经常在夜间观看天空中的群星，向大人提出不少难以回答的天文学问题。

1615 年，宋应星与兄长宋应昇同时考中举人，宋应星名列全省第三，后连续多次会试未中。宋应星曾走水路赴京师会试：出奉新南潦河，经永修吴城入鄱阳湖，过彭泽、湖口入长江水道，东至京口，再进入京杭大运河。这条路既是极好的旅游线路，也是全国经济最发达、资本主义萌芽最早出现的地区。宋应星志存高远，关注国计民生，认为："为方万里中，何事何物不可见见闻闻。"他走访南方水田、北方旱地，实地考察生产现场、手工作坊，眼观、耳听、口问、笔录，随时随地将所见所闻记录并描画出来。每次落第归来，他的行囊中都装满了科考笔记。

可以说，他的会试之旅，实为科学考察之旅。

1634年，宋应星出任江西分宜教谕。此后，他经常到分宜的农村、集镇了解各个行业的生产过程。他走遍了那里的纺织、制陶、造纸等工坊，结交了很多农民、工匠朋友，了解了大量生产方面的知识。他把这些知识详细地记录了下来。

读万卷书，行万里路，问万件事，拜万人师。宋应星掌握和积累了大量的第一手资料，视野开阔，阅历丰富，思想敏锐，为撰写《天工开物》奠定了坚实的基础。

《天工开物》全书10万余字，排序重五谷而贱金玉。书中附有精美的插图，生动记述了中国古代先进科技成果。书中有大量定性的理论概念和对技术数据的定量描述，在今天依然有很高的参考价值。

《天工开物》是超出中国当时科技发展水平的著作。1637年，该书由宋应星的好友涂绍煃（kuǐ）资助刊刻，之后在国内沉寂了300多年。17世纪末，该书传到日本，刺激了日本工农业生产技术的发展。后来该书又传入西方国家，被翻译成多国文字出版。

1914年，《天工开物》引起地质学家丁文江的注意，他促成了这本书在中国的公开印行，并成为中国300年来研究《天工开物》的第

一人。

　　2021年5月24日，国际天文学联合会（IAU）批准了中国在嫦娥五号降落地点附近月球地貌的命名，宋应星（Song Yingxing）为8个地貌地名之一。

知识拓展

　　宋应星是世界上第一个科学论述锌和铜锌合金（黄铜）的科学家。他在《天工开物》中明确指出锌是一种新金属，并且首次记载了它的冶炼方法。这是中国古代金属冶炼史上的重要成就之一，使中国在很长一段时间里成为世界上唯一能大规模炼锌的国家。宋应星记载的用金属锌代替锌化合物（炉甘石）炼制黄铜的方法，是人类历史上用铜和锌两种金属直接熔融而得黄铜的最早记录。

徐霞客：东方游圣

徐霞客（1587年—1641年），南直隶江阴（今江苏江阴）人，明代杰出的地理学家、文学家。他的足迹遍布大半个中国，被誉为"千古奇人"，著有被誉为"千古奇书"的《徐霞客游记》。

徐霞客出生于一个祖上曾经为官、世代读书的富庶人家。他不应科举、不入仕途，选择度过遍览天下、闻奇于名山大川的离经叛道的一生，因此被称为"千古奇人"。他所写的《徐霞客游记》不仅是一部文学佳作，还是一部具有科学价值的古代地理学著作。

徐霞客从20岁开始旅行，直到54岁去世。他到过江苏、浙江、山东、河北、山西、陕西、河南、安徽、江西、湖南、湖北、广东、广西、福建、贵州、云南等省。

用清初学者潘耒的话说，徐霞客"不避风雨，不惮虎狼，不计程期，不求伴侣"。徐霞客还在旅行的同时进行地理考察，"遇有名胜之区，无不披奇抉奥，一山一水，亦必寻其源而探其脉"。

在游览浙江东南部的雁荡山时，徐霞客为了探寻传说中的雁湖，

用 4 条布带绑在身上，从山崖顶上悬挂而下，下降途中布带被磨断，人被困在山崖绝壁中。他孤立无援，重新接起布带才爬离险境。他并不死心，在第三次游历雁荡山时，终于找到雁湖，并通过考察证明雁湖与雁荡山另一著名景点大龙湫瀑布并非同一水系。

在登黄山时，路遇大雪，徐霞客拄着铁杖为同行者开路。越爬路越险，在山坡背阴处，积雪已被冻成硬块，一步一滑，无法行走。向导和仆人一再劝阻徐霞客，均遭到他的拒绝。他用铁杖在冰上凿出一个小洞，放进一只脚，再凿一个小洞，伸入另一只脚，一步一步向前挪动，终于登上了山顶。

在桂林屏风山，徐霞客发现了一个山洞，洞口处有一些文字。他想把文字抄录下来，但刻着文字的石壁生满苔藓，很多字模糊不清。他出洞向一家农户借了梯子，登上梯子后，终于看清了文字。当他转身抄录时，梯脚在岩石上滑动了，他连人带梯一齐倒了下来，头和膝盖都受了伤，血流不止。徐霞客顾不上处理伤口，连忙爬起来又架好梯子，把文字完完整整地抄了下来。

在长期的游历活动中，无论每天旅途怎样劳累，即使晚上寄居在荒山野寺，或露宿于残垣老树，徐霞客也要点起油灯或燃起篝火，坚持写日记，记述当天的经历和观察。他以日记体裁所写的游记，被后人整理成了著名的《徐霞客游记》。

徐霞客 51 岁时，决定约 3 个同伴一起去西南地区考察。走了 20 多天后，一个同伴吃不消回家了。在广西南宁附近，与他最要好的同伴静闻和尚不幸染病去世。最后一个同伴吃不了苦，竟然偷了他的钱财逃走了。徐霞客仍然坚持着，直到 54 岁完成西南考察才回家。

他在这次旅行中多次身患重病，几度绝粮，身体变得十分虚弱，回家半年后就不幸病逝了。

目前，《徐霞客游记》流传下来的版本已残缺不全。幸运的是，这些留存下来的文字大部分是关于边疆和偏远地区的内容。

知识拓展

北宋科学家沈括用"石穴中水所滴"，南宋文学家范成大用"石液凝沍"来解释岩洞中钟乳石和石笋的形成过程。徐霞客的解释更为完整，他认为"崖间有悬干虬枝为水所淋滴者，其外皆结肤为石，盖石膏日久凝胎而成"。

范旭东：中国民族化学工业之父

范旭东（1883年—1945年），湖南湘阴人，中国杰出的化工实业家，中国重化学工业的奠基人，被称为"中国民族化学工业之父"。他生产出中国第一批硫酸铵产品，更新了中国联合制碱工艺。

范旭东从小接触新思想，1900年随其兄东渡日本留学，1908年考入京都帝国大学化学系，毕业后留校任助教。

辛亥革命爆发后，范旭东毅然回国，时任财政总长的梁启超聘请他到财政部工作。1913年，他被派往欧洲考察制盐及制碱工艺。回国后，他辞去公职，自己筹措资金办厂。

1914年，范旭东来到天津塘沽的一个渔村开始进行精盐试验。试验成功后，范旭东于1914年成立了中国第一家本土精盐厂——久大精盐公司。久大精盐物美价廉，一上市就受到了大家的欢迎，但这触犯了旧盐商和外国盐商的利益，他们处处给久大精盐公司设立关卡。

范旭东设法把久大精盐送到袁世凯的餐桌上，这种精盐得到了袁世凯的认可和好评。由此，范旭东获得长江一带5个口岸的销售权，久大精盐公司的市场由此扩大到其他省。

到1918年，久大精盐公司发展为全国最大的精盐生产企业，并创立了久大"海王星"牌精制盐。久大精盐品质高、价格低，完全可以与洋盐媲美。第一次世界大战结束后，范旭东团结当地的盐商收回了日本在青岛的盐厂，并要求日本每年回购相当大数量的青岛精盐，从而为中国精盐打开了国际市场。

1917年，范旭东开始筹办中国自己的制碱厂。1918年11月，永利制碱公司在天津成立。制碱公司在发展过程中遇到了新的问题：制碱的原料是海盐，当时中国的盐税高达海盐成本的数十倍。范旭东亲笔致函请求政府给予制碱用盐免税，为永利制碱公司争取到了工业用盐免税30年的政策。当时国外垄断制碱技术，不愿向永利出售专利，范旭东就自己在家做试验，制成了纯碱样品。

1920年，久大发展顺利，永利艰难起步。范旭东认识到"近代工业非学术无以立其基，而学术非研究无以探其蕴，是研究一事尤当为最先之要务也"。他决定在久大化学室的基础上新建一个化工研究室。1922年8月，研究室从久大精盐公司中分离出来，成为独立机构，名为黄海化学工业研究社，社长为留美博士孙学悟。久大精盐公司、永利制碱公司、黄海化学工业研究社组成了"永久黄"团体。

后来，经过不断攻关和改进，永利"红三角"牌纯碱荣获美国费城万国博览会金质奖章，打开了广阔的国际市场。

永利制碱成功后，范旭东又决心为祖国创办制酸厂。1930年，范旭东主动承接了国民政府实业部的自办硫酸铵厂项目。1934年，永利制碱公司更名为永利化学工业公司。1937年2月5日，南京硫酸铵厂建成，该厂达到了世界先进水平。

1937年抗日战争全面爆发后，久大和永利遭受重创。日本政府提出和范旭东合作，欲买下永利和南京硫酸铵厂，遭到他的断然拒绝。为应对时局突变，范旭东将人员和设备撤到四川，重新筹备建厂。在四川，范旭东的工厂不得不通过卤水制盐，成本很高。为了提高原材料的利用率，范旭东和侯德榜等人历时数年，经过多次试验，发明了侯氏联合制碱法，将原材料盐的利用率提高到90%以上。

抗日战争胜利后，范旭东因急性肝炎医治无效去世，临终前他仍嘱咐后继者"齐心合德，努力前进"。正在重庆参加谈判的毛泽东，为他写下了"工业先导，功在中华"的挽联。周恩来与王若飞合写挽联"奋斗垂卅载，独创永利久大，遗恨渤海留残业；和平正开始，方期协力建设，深痛中国失先生"。

范旭东去世后，他事业上的伙伴——中国著名的化工专家侯德榜"悲恸三日，足不出户"。范侯二人怀抱爱国心，以振兴中国民族化学工业为伟大抱负，他们做到了。

知识拓展

毛泽东在20世纪50年代回顾中国民族工业的发展时，曾说过中国实业界有4个人是不能忘记的，他们是"搞重工业的张之洞，搞化学工业的范旭东，搞交通运输的卢作孚和搞纺织工业的张謇（jiǎn）"。

李四光：中国地质力学创始人

李四光（1889年—1971年），原名李仲揆，湖北黄冈人，地质学家、教育家、社会活动家，中国地质力学创始人。他运用力学观点研究地壳运动现象，探索地壳运动与矿产分布的规律。

关于李四光这个名字，有一个有趣的故事。李四光14岁时，因学业优秀，被保送到日本读书。在填护照时，他不小心把年龄"十四"填在了姓名栏。护照要花钱买，他急中生智，在"十"字上加了几笔改成了"李"字。"四"字不好改，"李四"这个名字又不好听，他正好看到墙上有一块写着"光被四春"的匾，便在"四"字后面加了个"光"字。

1913年，李四光又一次离开祖国，赴英国伯明翰大学读书，在学习了两年采冶后转入地质系。当时正值第一次世界大战，李四光曾多次下井当矿工，赚钱补贴学习和生活的费用。他怀着一颗科学救国的心，希望早日学成报效祖国。1920年回国后，李四光任北京大学地质系教授。

这是他一生卓有成效的教学和科研事业的开端。

在教学上，李四光勤勤恳恳、精益求精，为中国悉心培育了一批优秀的地质学家。李四光对自己和学生要求极其严格，甚至连走路也是他们的基本功。他经常对学生说，搞地质的要经常到野外工作，脚步就是测量土地、计算岩石的尺子，你们每个人都要做到每一步距离相等，并记住自己的步长。

李四光走路不紧不慢，步子大小相等，迈一步就是0.85米。不论到哪儿，他仿佛总是在度量距离。

李四光还是一个珍爱石头的人。1942年的一天，李四光在广西大学做学术报告。他一边讲一边拿出一只小木盒，让下面的人传看。小木盒里垫着一块棉花，棉花上放着一块小石头。没想到，报告结束时，从听众中传回来的小盒子是空的。那块小石头不翼而飞了！

回家后，李四光对着空木盒发愣，饭也没有吃好。广西大学的领导得知李四光对那块小石头如此珍爱，深感不安。有人建议贴一块小布告，也许还能把那块小石头找回来。

那张奇特的"寻物布告"被贴出去两天后，果真有人把那块小石头放在了指定的石级上。从此，这块小石头只让人当面观看，不让人拿走了。

有一次，李四光的夫人许淑彬在家中腌咸菜，拿了一块岩石标本压咸菜。咸菜腌好了，她把岩石标本扔在一边，结果弄丢了。李四光找不到这块岩石，惆怅至极。

李四光对待工作认真专注、全然忘我。一天晚上，他坐在显微镜前工作。当他5岁的独生女李林前来叫他吃饭时，他从显微镜上抬起头就问:"你是谁家的孩子啊?这么晚还不回家,你妈妈会担心你的。"小李林笑着说:"我是你的孩子啊,请你回家吃饭呢!"

1971年4月,李四光因动脉瘤破裂与世长辞。他在去世的前一天对女儿李林说:"我不放心的是地震预报,外国人的路子是走不通的,但是我的观点还没有被人们采纳。"周恩来总理指出:"李四光是一面旗帜,对社会主义建设做出了很大的贡献。"

知识拓展

李四光早年对蜓科化石及其地层分层意义有精湛的研究,提出中国东部存在第四纪冰川,建立了新的边缘学科地质力学,创建了地质力学学派。他提出的新华夏构造体系3个沉降带有广阔找油远景的观点,开创了活动构造研究与地应力观测相结合的预报地震新途径。

竺可桢：中国问天第一人

竺可桢（1890年—1974年），浙江绍兴人，中国近代气象学家、地理学家、教育家，中国近现代气象学和地理学奠基人。他开创中国气象教育事业，主要代表作有《中国近五千年来气候变迁的初步研究》等。

作为气象学家，竺可桢几十年如一日，风雨无阻，坚持做天气记录。他的记录停留在他去世的前一天——1974年2月6日。那一天的记录为：气温最高零下1摄氏度，最低零下7摄氏度，东风一级至二级，晴转多云。

竺可桢的日记本中记录的项目非常丰富：第一朵花开，第一声鸟叫，第一声蛙鸣，第一次雷声，第一次落叶，第一次霜降，第一次下雨……他像一个大自然的哨兵，孜孜不倦地为大自然写日记。他开创了中国物候学，这门学科深刻影响着中国的工农业生产。

竺可桢不仅在工作中保持着记日记的习惯，在各地旅行的时候，也会携带纸笔，随时随地记录当地的自然地理环境和人文风貌。他搭乘火车或者汽车时，会记下时间、地点、海拔高度、自然景观和农业地貌；搭乘飞机时，会记录地面植被的覆盖情况。每日从家中到办公地点，他一般选择步行，因为这样可以对周围的景物做细致的观察。何时柳絮飘飞，何时银装素裹，在他的日记本中都有体现。

根据这些观察数据，竺可桢与宛敏渭合著《物候学》一书，绘制出了1950年至1972年间各种物候变化的曲线。竺可桢把这种方法运用到古代文献中，根据古人对各种物候的记载，写出了《中国近五千年来气候变迁的初步研究》一文，受到国内外气象学家的称赞，这篇文章直至现在仍是经典文献。

这篇文章是竺可桢在82岁那一年，在没有助手帮助、"手已无缚纸之力"的情况下写成的。论文一经发表，就立即得到国内外科学界的普遍赞扬，也引起了周恩来总理的重视和关怀。1973年，周恩来总理见到竺可桢时，关切地和他谈起这篇论文，并祝愿他活到100岁，对世界气候变迁做通俗介绍，写出更多书来。

不幸的是，不久，竺可桢的病情越发严重，那年冬天就常住在医院里。他惦记着周恩来总理的亲切嘱咐，一心希望早日出院，写出更多著作。疾病对他的折磨一天比一天严重，他仍然凭借顽强的毅力，不断阅读报刊，每天用颤抖的手写着工整的字来记日记。他临终前几天的日记，仍然像五六十年来每天记录的一样，在首行记录着当天的气候、温度、风云，还摘抄报刊上关于气候异常的报道，表现出一个科学家终生勤勤恳恳、忠于科学的精神和非凡的毅力。

1910年，竺可桢考取第二期留美庚款公费生，回国后率先在中国高等教育体系中创立地学系和气象学专业，并于1928年创建中央研究

院气象研究所，推动气象学在中国落地、生根、发芽。

竺可桢从1936年开始任浙江大学校长，并为浙江大学制定了校训——求是。1937年抗日战争全面爆发后，浙江大学被迫西迁贵州，却仍获得"东方剑桥"的美誉。到访过西迁浙江大学的英国剑桥大学博士李约瑟这样评价当时的浙江大学师生："他们的教学和科研活动，依然是那么井井有条，他们的精神面貌依然是那么热情向上。"

竺可桢的一生，正是对"求是"精神的践行。

知识拓展

物候学研究周期性生物现象，如与气候状况相关的植物开花、动物迁移。基本研究方法是平行观测法，即同时观测生物物候现象和气象因子的变化，以研究其相互关系。学科的发展趋势为，由偏重农业气象研究发展为偏重生态研究；观测精度有所提高，观测植物的物种都选用相同的无性系；运用新技术，如计算机制图、遥感技术等。

侯德榜：侯氏制碱法的开创者

侯德榜（1890年—1974年），福建闽侯人，中国著名的化工工程师、科学家，中国基本化学工业的先驱者、奠基人。他曾任永利制碱公司和南京硫酸铵厂总工程师兼厂长、永利化学工业公司总经理。

碱在我们今天的生活中，是一种稀松平常但又必不可少的日用品。没有碱，就没有我们常见的馒头、面包等需要发酵的食物，也没有我们今天的碱性洗衣粉、洗衣液等。

20世纪20年代，中国出了一位"制碱大王"，他就是著名的化工专家侯德榜。

1890年8月，侯德榜出生于福建闽侯一个普通的农民家庭。1911年，侯德榜考入清华学堂，于当年公派赴美留学。到美国后，侯德榜认为发展化工能够振兴中华，于是从铁路工程专业转学新兴学科化工。1917年本科毕业后，他进入哥伦比亚大学攻读硕士、博士学位。

1921年，还在准备博士毕业论文答辩的侯德榜，接到了一封来自天津塘沽爱国实业家范旭东的信，邀请他回国到自己创办的永利制碱

公司工作。从1921年到1945年，侯德榜和范旭东共事24年，两人在事业上的合作被认为是珠联璧合。范旭东比侯德榜大7岁，是企业的经营者，侯德榜是企业的技术领袖。

范旭东邀请侯德榜回国的直接目的是研发出中国自己的制碱技术，打破被国外垄断的局面。永利制碱公司成立后，在试车时错误百出，英美等国讥笑中国人办索尔维法碱厂"太不量力"。范旭东力排众议，支持侯德榜担任技术全责。侯德榜奋不顾身，带领一群技术人员苦钻实干，经过多个不眠之夜，通过潜心研究简略版的索尔维制碱法和反复试验，解决了一个又一个技术难题，历时5年，终于生产出了优质的纯碱，并推出了中国自己的民族品牌"红三角"牌纯碱。

1926年8月，"红三角"牌纯碱在国际万国博览会上被授予金质奖章。1932年，侯德榜出版《纯碱制造》，公开索尔维制碱技术，使其成为人类共享的财富。

1937年抗日战争全面爆发后，范旭东、侯德榜抱着宁可厂毁也绝不屈服的决心，坚决拒绝了日寇一再要求合作的威逼利诱，将工厂改产炸药支援抗战。

当战火迫近南京时，他们率员工将工厂迁到了四川。在四川只能使用井盐制碱，井盐价贵，盐卤浓度很低，而且索尔维制碱法有很多缺点——设备多、流程长、食盐和石灰石两种原料的利用率都很低，尤其是食盐的利用率仅为70%。侯德榜决心自创新路解决这些问题。他经德国赴美国收集资料，开始研究新制碱法，并通过电讯领导国内人员在香港进行试验研究。前后用了两年多时间，经过500多次循环试验，分析了2000多个样品，最终确定了工艺流程。之后，他又在多地扩大试验，终获成功。

范旭东将这种方法命名为侯氏联合制碱法，侯德榜也成为世界公认的制碱权威。侯氏联合制碱法将制碱工业和合成氨工业联合起来，变废为宝，对原料盐的利用率不仅超过索尔维法，也超过新的察安法，把世界制碱技术推上一个新的高峰。直到现在，中国的纯碱有将近一半产自联合制碱法。

知识拓展

侯德榜的新制碱法，是索尔维法（氨碱法）与合成氨法的结合。制碱所需的氨和二氧化碳由合成氨系统供应，去掉了笨重的石灰窑、化灰机、洗涤塔、蒸氨塔等设备，制碱过程中生成的氯化铵在冷冻后盐析，供化肥之用。利用这种制碱法，流程简化，废液渣减少，食盐利用率大大提高，纯碱的生产成本比索尔维法降低40%以上。

茅以昇：中国现代桥梁之父

茅以昇（1896年—1989年），江苏镇江人，桥梁学家、教育家，中国近代桥梁事业的先驱，被称为"中国现代桥梁之父"。他主持修建了钱塘江大桥，打破了外国人垄断中国近代大桥设计和建造的局面，为中国桥梁工程建筑事业做出杰出贡献。

  茅以昇11岁那年的端午节，人们挤在文德桥上看龙舟。由于看龙舟的人数过多，桥被压塌了，很多人掉入水中。而茅以昇前一天晚上因病卧床不起，恰好没在事故现场出现。在得知这一事故后，茅以昇受到了很大影响，他由衷感叹道：桥梁是多么的重要啊！

  茅以昇20多岁赴美留学后，选择了桥梁专业，立志把毕生的精力奉献给桥梁事业。

  1933年，回到祖国14年后的茅以昇终于等到了实现自己桥梁梦的机会——杭州浙赣铁路局邀请他筹建钱塘江大桥。

  钱塘江翻腾激荡，上游经常发生山洪，台风天常常浊浪排空，江底堆积着40多米的泥沙，随江流冲刷不断迁移，变幻莫测。杭州民间传说"钱塘江无底",并用钱塘江造桥来形容一件事不可能成功,可见在钱塘江上建桥的难度。

1935年大桥开工后,茅以昇遇到了接踵而来的技术难题。首先遇到的难题是打桩。大桥桥墩以木桩为基础,需要用气锤击打木桩,使它穿透厚硬的泥沙层,立在下面的石层上。下面的泥沙太过坚硬,工人们忙了一昼夜只打进一根桩。9个桥墩需要打1440根木桩,照这样的速度,光打桩就得花4年的时间。

这时,社会上开始传出各种风言风语,有的银行闻讯也打算撤资。茅以昇承受着巨大的压力,寝食难安。

有一天,茅以昇看到一个小孩拿着一把水壶浇花,一条"水龙"从壶嘴冲出,把花坛的泥土冲出一个小洞。他灵机一动:水流能不能也把厚硬的泥沙冲个洞呢?由此,他和大家一起研究出了"射水法"。

他们将一根钢管立在需要打桩的地方,在钢管中灌入江水并加压,等水流在江底冲出一个深孔后,拔出钢管并将木桩顺孔打入。这样,一昼夜能打30多根桩,这个难题化解了。

后来,建桥工程又陆续遇到在桥墩上架设钢梁、安置沉箱等困难。这些困难都被全身心投入工程中的茅以昇一一化解。他还经常下到水底的沉箱中检查工程细节,遇到身体不适就游上去休息一会儿,然后接着工作。

1937年9月26日,伴随着汽笛长鸣,一列火车呼啸着驶过钱塘江大桥。历时两年半,钱塘江大桥终于建成通车了!

钱塘江大桥修建时,在2号桥墩内预先留好了一个可以放置炸药的空洞,随时准备炸毁大桥。这又是为什么呢?

大桥建成于抗日战争时期,不仅承担着支援抗战的重任,也要防

止日军通过大桥逼近杭州。经过茅以昇的设计，我国军队提前在桥洞内放好炸药、布好线。大桥像一位全副武装的战士，一边源源不断地运送着满载撤退物资和群众的车辆，一边随时准备着日军兵临城下时，被接通雷管点火炸毁。

作为大桥的设计师和建造师，茅以昇看到我军设计的炸断5孔钢梁的方案时说："必须炸断一个桥墩，才能彻底破坏桥梁，只砸断钢梁，敌人很快就可以修复。"建也为国，炸也为国，这位中国工程师炽热的爱国情怀和民族大义令人们感到震撼。

1937年12月23日，这悲壮的一刻还是来了。看到对岸有敌骑到来，茅以昇心一横、手一挥，下达了起爆的命令。只听轰的一声，茅以昇感觉像不得不亲手杀死自己的孩子一样。这是一种怎样的心境！

1946年春，茅以昇带着精心保存下来的14箱资料，开始修复钱塘江大桥。1953年9月，茅以昇终于完完整整地救回了自己的"孩子"。

1997年1月9日，正逢茅以昇诞辰日，国家天文台观测到一颗编号为18550的小行星，将其永久命名为"茅以昇星"。

知识拓展

茅以昇晚年热衷于科普工作，写下了大量充满想象力和预见性的科普作品，如《明天的火车和铁路》《桥梁远景图》等。他写的《中国的石拱桥》被收入中学语文课本，《没有不能造的桥》获1981年全国新长征优秀科普作品一等奖。

詹天佑：中国铁路之父

詹天佑（1861年—1919年），安徽婺源（今属江西）人，出生于广东南海，中国铁路工程专家、中国铁路工程的先驱，被称为"中国铁路之父"。他主持修建了中国自主建造的第一条铁路——京张铁路（今京包线北京至张家口段）。

詹天佑七八岁时在私塾里读书，中国的私塾以讲授四书五经为主，他却更喜欢摆弄机器和机械，口袋里常常装着小螺丝钉、小齿轮和小发条，还有泥巴捏的轮船、起重机。他经常在上学的路上，走着走着就不走了——原来是在工厂门口被里面运转的机器吸引住了。

詹天佑11岁那年，清政府要选派一批幼童出国学习，天资聪颖的他被选中了。他12岁时被送往美国，开始了留学生活。在120名留美幼童中，只有两人完成大学学业，获得学士学位，詹天佑就是其中之一。他的毕业设计研究了小时候感兴趣的起重机，题目为《码头起重机的研究》。

1905年，清政府决定兴建京张铁路。当时，我国处于半殖民地半封建社会，英、俄两国激烈地争夺着京张铁路的修筑权，并轻蔑地认为中国工程师没有自己建造铁路的能力。他们说："如果京张铁路由中国工程师自己建造，那么与英、俄两国无关。"

詹天佑在关键时刻挺身而出，他坚定地认为：中国人已经醒过来了，要用自己的工程师和自己的钱来修建铁路。

早在担任中国铁路公司工程师之初，詹天佑就已显露出他的工程才能——他解决了英、德、日三国的工程师未能解决的难题。当时，从天津到山海关的津榆铁路修到滦河，要造一座铁桥。在英、德、日三国工程师的设计方案相继失败、无计可施时，詹天佑站了出来。在分析失败原因，现场调查和听取工人意见的基础上，詹天佑设计出一个中国方案并一举获得成功，建成了滦河大桥。

与滦河大桥相比，建造京张铁路时间紧、资金少、工程大。在紧张的勘探、选线工作之后，1905年9月，京张铁路正式开工。12月开始铺轨时，詹天佑亲手打下了第一颗道钉。詹天佑对待工作一丝不苟，他常常说："技术的第一要求是精密。"为了以最短的时间，用最少的资金完成任务，詹天佑决定采用最短同时也最艰险的一条线路。这条线路山峦重叠，有无数悬崖峭壁，勘探和施工十分困难。经过精确测量计算，詹天佑决定对号称"天险"的八达岭隧道采取两端对凿法——从山的南北两端同时开凿，到山中心会合。后又从山顶向山下开凿了两个竖井，分别向两端开凿，这样共有六个面同时开凿，大大缩短了工期。在开凿的过程中，詹天佑与工人们一同挖石、挑水。

为了保证火车安全爬上八达岭，詹天佑采用"之"字形线路，降低了坡度，解决了最困难的越岭问题。1909年，京张铁路提前两年完工，工程费用只有外国人估价的五分之一。

就这样，在詹天佑的领导下，中国建成了第一条由中国人自己修建的铁路。后来，他又担任了川汉、粤汉铁路总工程师。

现在，当人们坐火车从北京到张家口，途经八达岭附近的青龙桥车站时，就可以看到月台旁矗立着詹天佑的铜像。

知识拓展

中国高速铁路，简称中国高铁，是指中国境内建成使用的高速铁路。根据《高速铁路设计规范》，中国高铁开行速度是每小时250—350千米。截至2023年1月，中国高铁营业总里程达到4.2万千米，居世界第一。截至2019年，中国高铁列车最高运营速度为350千米/小时，居全球首位。中国高铁跑出了中国速度，创造了中国奇迹。

童第周：克隆先驱

童第周（1902年—1979年），浙江鄞县（今鄞州）人，著名生物学家、教育家，中国实验胚胎学的创始人。他在实验胚胎学、细胞生物学、发育生物学及海洋生物学等领域卓有建树，被誉为"克隆先驱"。

生物学家童第周有一双巧手，他能为米粒大小的青蛙卵和鱼卵做手术。

早在欧洲留学时期，他就曾凭借巧手震动了欧洲生物界，为当时科学落后的中国赢得了荣誉。

当时，欧洲有一个多年来没人能完成的青蛙卵卵膜剥除手术。青蛙卵只有小米粒大小，外面紧紧地包着3层像蛋白一样的软膜。1930年，中国留学生童第周尝试在显微镜下为青蛙卵做手术，他干净利落地剥落了青蛙卵卵膜，成功完成了手术。1931年夏天，童第周又成功为直径不到1/10毫米的海鞘卵子做了外膜剥离。他精湛的技术让云集当地的国际同行十分钦佩，也给当时在国际生物学界声誉极高的英国皇家学会会员李约瑟教授留下了深刻的印象。

1934年，童第周从比利时布鲁塞尔大学取得博士学位时，已经是一位非常有名的实验胚胎学家了。作为一名中国人，他毅然放弃国外优渥的生活和先进的科研条件，选择回到当时战乱不断、科技落后的中国，下定决心要为中国搞出科研成果。

后来的事实向我们证明，童第周鞠躬尽瘁，确实把自己的才华和生命都无私地奉献给了祖国的生物科学和海洋事业，并取得了举世瞩目的成就，真正践行了他"有生之年，为国家，为人民多做工作"的入党誓词。

童第周最著名的生物学成就莫过于克隆鱼的成功培育。这项成就的取得也离不开童第周的那双巧手。当时生物学界存在两种相互对立的遗传学说：一派认为遗传是由细胞核决定的；另一派则认为细胞核中的物质即细胞质决定了遗传。童第周认为，遗传是细胞核和细胞质相互作用的结果。为了证实自己的想法，他设计了一个实验：为金鱼卵做手术。

金鱼卵比芝麻粒还小，童第周就像在欧洲为青蛙卵做手术一样，将金鱼卵放在解剖镜下，用纤小的钢镊剥开裹在金鱼卵上的卵膜，再剥开细胞膜，取出细胞核。然后，把鲫鱼的细胞核移入已去掉细胞核的金鱼卵细胞中。他一动不动地坐在解剖镜前，废寝忘食，一干就是五六个小时。不久之后，这些动过手术的金鱼卵孵化成功了，它们长成了一种特别的鱼：它们有着和金鱼一样的身体，和鲫鱼一样的尾巴。实验证实了童第周的想法：细胞核和细胞质中都含有遗传物质。

凑巧的是，当时世界上刚出现的克隆技术也是采用细胞核移植的方法。童第周成为中国最早开展克隆技术研究的先锋，也是世界上第

一个研究鱼类克隆技术的人。

为金鱼卵做手术之后，童第周又与人合作培养出了被称为"童鱼"的异种克隆鱼，并首次证实细胞质中的信使核糖核酸具有遗传功能。实验引起了世界轰动，美国的《纽约时报》和英国皇家科学院的《大英百科全书》都对此做了记录和报道。

童第周去世后，中国学者又先后克隆出了鼠、兔、绵羊、山羊和牛等哺乳动物，这使中国一直走在世界克隆研究的前沿。

童第周的座右铭是"少说空话，多做工作"。他总是亲自动手，扎扎实实做实验。他说："应该记住，我们的事业，需要的是手，而不是嘴。"

知识拓展

克隆是英文"clone"或"cloning"的音译，而英文"clone"则起源于希腊文"Klone"，原意是以幼苗或嫩枝插条，以无性繁殖或营养繁殖的方式培育植物，如扦插和嫁接。现在克隆通常指利用生物技术由无性生殖产生与原个体有完全相同基因的个体或种群。

华罗庚：自学成才的数学家

华罗庚（1910年—1985年），江苏金坛人，数学家。他解决了高斯完整三角和的估计、华林和塔里问题改进、一维射影几何基本定理证明、近代数论方法应用研究等数学问题。

华罗庚在数学方面的成就有多大？

数学家哈贝马斯说，华罗庚是他这个时代的领袖数学家之一。杨振宁说，中国最早得到世界绝对第一流研究成果的，也是在数学方面，华罗庚、陈景润就是证明。

华罗庚从美国回国后不久，在填写户口簿时，在"文化程度"一栏写了"初中毕业"四个字。一位教授，怎么可能是个初中毕业生呢？

原来，这样一位在世界上名列前茅的数学家，是一位自学成才的数学家！

华罗庚自小家境贫寒，父亲开了一家小杂货店。他初中毕业后，由于交不起学费失学了，只能在父亲的杂货店里帮忙料理店务。

华罗庚酷爱数学。在他的柜台上，常常一边放着账册、算盘，一

边放着数学书籍。华罗庚坚持自学，每天差不多花10个小时钻研数学。即使到了半夜，他想到解决数学难题的方法，也会立即起来点亮小油灯，把它写下来。他父亲不懂数学，把数学书籍称作"天书"，并告诉他，人生最要紧的是吃饭，劝他多做些买卖，不要死钻书本。后来，父亲被儿子勤奋学习的劲头感动了，不再阻止他看"天书"了。

19岁时，华罗庚到一个学校当会计兼处理杂务。他曾回忆起当时艰难的生活："除了学校繁重的事务外，早晚还要帮父亲料理小店的事务，每天晚上大约8点钟才能回家。清理好小店的账务后，才能钻研数学，常常到深夜。"

这一年，华罗庚不幸感染风寒，留下了终生跛脚的后遗症。

而也恰恰在这一年，华罗庚发现一位大学教授的论文写错了，便写了一篇论文——《苏家驹之代数五次方程式解法不能成立的理由》，发表在上海的《科学》杂志上。这引起了清华大学数学系主任熊庆来的注意。熊庆来了解到华罗庚是个失学青年，颇为震惊，破格邀请他到清华大学工作。熊庆来是美国芝加哥大学博士，曾在数学家狄克逊的指导下研究堆垒数论。在熊庆来的指导和帮助下，华罗庚在二十四五岁时就写出了引起国外数学家注意的学术论文。

华罗庚是一位了不起的数学家，他抱有强烈的爱国情怀。1936年，华罗庚赴英国剑桥大学访学，在数论和分析方面就完整三角和的估计、华林和塔里问题等写出了数篇学术论文。华罗庚学术成果丰厚，若他留在英国各大学讲授数理必受欢迎，但他没有这样做。抗日战争全面爆发后，他心急如焚、归心似箭，与全国同胞共担国难的决心毫不动摇，他乘船取道大西洋、印度洋，不远万里回到国立西南联合大学任教，当年他 28 岁。

1948 年，美国伊利诺伊大学聘华罗庚为教授，并为他和家人提供了四室两厅的大房子。但得知中华人民共和国成立的消息后，他便带着家人于 1950 年 2 月回到了祖国。他们一家人只能挤在清华大学分配的一间宿舍里，但即使条件简陋，也丝毫未影响华罗庚潜心研究和为数学教学做准备工作的热情。

50 年来，作为学者，华罗庚做出了许多世界一流的研究成果。在教育方面，华罗庚同样成果颇丰，他培养出了陈景润、陆启铿（kēng）、万哲先、龚升、陈德泉、计雷等著名数学家。

知识拓展

20 世纪 50 年代至 60 年代，华罗庚积极倡导应用数学与计算机的研制，并到全国各地普及应用数学知识与方法，致力于把数学方法用在工农业生产的应用、推广和研究上。比如以改善组织管理、提高生产效率为主的"统筹法"，以及以改进生产工艺为主的"优选法"。他走遍了全国 20 多个省、自治区、直辖市，为经济建设做出了巨大贡献。

苏步青：东方第一几何学家

苏步青（1902年—2003年），浙江平阳人，数学家，中国微分几何学派创始人。他在仿射微分几何学、射影微分几何学、一般空间微分几何学等方面取得突出成就，是国际公认的几何学权威。

苏步青被誉为"东方国度上灿烂的数学明星""东方第一几何学家""数学之王"。

他小时候学习成绩优异，是一个文理科成绩均衡的优等生。他曾模仿《左传》写作文，令老师感到惊讶。他一生与诗结缘，发表诗词500多首。他晚年曾对学生说："打好语文、史地基础，可以帮助你们跃上更高的台阶。""理工科大学生搞点形象思维，读点诗词，对打开思路、活跃思想是很有好处的。"

苏步青的外语很好。1979年，他访问日本，日本报刊在介绍他时，曾开列了他所懂的外语：日语、英语、法语、德语、意大利语、西班牙语、俄语。

苏步青喜欢音乐，喜欢贝多芬和柴可夫斯基的作品，尤爱柴可夫斯基的《天鹅湖》。

正因为苏步青有着广博的知识，所以当他钻研数学时，触类旁通，容易深入。

1931年，苏步青从日本东京帝国大学数学系获得理学博士学位后回国。回国后，苏步青没有选择去各方面条件更为优越的北京大学、清华大学等高校任教，而是去新建的浙江大学，立志把浙江大学数学系建成世界一流的数学系，为国争光。在短短6年后，苏步青就在微分几何方面做出了巨大的成绩，并和数学家陈建功一起创办了科学讨论班。

苏步青对学生要求非常严格。一天夜里，一位叫熊全治的学生因怕第二天的报告过不了关而匆匆来找苏步青。苏步青严厉地训斥了他这种临时抱佛脚的学习态度。熊全治回到宿舍熬了一个通宵，第二天报告总算过关了。熊全治后来成了著名的教授，依然对苏步青的教育记忆犹新。

苏步青讲课风趣幽默、通俗易懂。无理数 π 无限不循环，祖冲之用分数355/113来表示它。这个分数不好记忆，苏步青风趣地教大家："把最小的三个奇数1、3、5各重复写一遍，即113355，再一分为二——113与355，把前三个数作分母，后三个数作分子，不就是355/113吗？"这样大家就牢牢记住了这个分数。

1952年，苏步青被调到复旦大学，后来又担任复旦大学校长。1988年，苏步青当选为全国政协副主席。此后，他每次来杭州，省政府都要给他安排西子宾馆或西湖国宾馆。他都婉言谢绝，坚持要求住浙江大学招待所，并吃最简单的饭菜。他说："不要多花政府的钱，到

家了，住家里最方便。"

苏步青在谈到自己的一生时，曾这样叮嘱青少年："青少年时期的教育很重要。人在这个时期精力最旺盛，记忆能力、吸收能力都很强，不论学什么，进步都比较快，要充分利用这个特点。人的生命是短暂的，不过几十岁，但充分利用起来，这个价值是不可低估的。溪水长流，积少成多；锲而不舍，金石可镂；坚持到底，就是胜利。"

知识拓展

苏步青的研究成果被称为"苏氏定理""苏氏曲线""苏氏锥面""苏氏二次曲面"等，许多理论已被应用于飞机设计、船体建造放样等科研实践。这些理论应用于实践后既提高了产品质量，又产生了较好的经济效益。

于敏：中国氢弹之父

于敏（1926年—2019年），出生于河北宁河（今天津宁河），著名核物理学家，被称为"中国氢弹之父"。他是"两弹一星"功勋奖章、"共和国勋章"的获得者。他在氢弹原理突破中解决了热核武器物理中一系列关键问题。

　　于敏没有出过国，是中国自己培养出来的核物理学家。1957年，日本原子核物理和场论方面的代表团访华，参加接待的于敏富有才华，给他们留下了深刻的印象。他们回国后，发表文章称于敏是中国的"国产土专家一号"。

　　于敏1944年考入北京大学，1951年以优异的成绩从北京大学理学院理论物理专业毕业。毕业后被钱三强、彭桓武调到中国科学院近代物理研究所研究原子核理论。

　　1961年1月的一天，钱三强把于敏叫到办公室，非常严肃地对他说："组织上要安排你参加热核武器原理的预先研究，你看怎

么样？"于敏毫不犹豫地服从分配。从1961年从事核理论研究起，出于保密的需要，他开始成为一个神秘人物——远离公众视野，不公开发表著述，隐姓埋名28年，直到1988年名字才被解禁。

对此，于敏说："一个现代国家没有自己的核力量，就不能有真正的独立。一个人的名字，早晚是要没有的，能把微薄的力量融进祖国的强盛之中，便聊以自慰了。"

为了尽快研制出中国自己的氢弹，于敏废寝忘食。

1963年，核武器研究院理论部交出第一颗原子弹理论设计方案后，开始探索研究氢弹原理，在原子弹爆炸成功后，将大部分力量转到氢弹原理的理论研究上。1965年1月，于敏被组织任命为副主任，与氢弹攻关主战场的邓稼先、周光召等会合。

1965年9月，于敏带队前往上海，利用华东计算技术研究所的J501计算机，完成百万吨TNT当量加强型核弹优化设计的任务。经过100多个日夜的奋战和不断反思、改进，于敏把各方面的研究成果归纳整理，终于描绘出一幅氢弹反应过程比较完整的物理图像。大家欢呼雀跃！

于敏当即给在北京的邓稼先打了一个电话，用暗语表达了他们在氢弹理论研究上有了突破。第二天，邓稼先就赶到了上海。经过长时间的深入讨论和推敲，他们将整个理论设计得更加完善。

1967年6月17日，中国第一颗氢弹爆炸成功！

20世纪80年代以来，于敏率领团队又在二代核武器研制中突破关键技术，使中国核武器技术发展迈上了一个新台阶。

与于敏一起工作了50多年的中国工程物理研究院研究员、院士杜祥琬说:"于敏先生那一代人身上有一种共性,他们有一种强烈的家国情怀。这种精神影响了一代又一代人,希望这种精神能够不断传承。"

知识拓展

"两弹一星"最初是指原子弹、导弹和人造卫星。"两弹"中的一弹是指原子弹,后来演变为原子弹和氢弹的合称;另一弹是指导弹。"一星"则是人造地球卫星。在"两弹一星"研制过程中,广大科研工作者培育和发扬了一种崇高的精神,即"热爱祖国、无私奉献,自力更生、艰苦奋斗,大力协同、勇于登攀"的"两弹一星"精神。

王大珩：摘下星光的科学家

王大珩（1915年—2011年），江苏吴县（今苏州）人，光学专家，被称为"中国光学之父"。他是"两弹一星"功勋奖章的获得者。他对国防现代化研制各种大型光学观测设备有突出贡献，对中国的光学事业及计量科学的发展起了重要作用。

1915年，王大珩出生于日本东京。王大珩的父亲王应伟是中国早期的地球物理和气象学家，早年留学日本。在王大珩出生的那一年，他的父亲带他回国。他从小受父亲影响，对科学仪器特别是光学仪器产生了极大兴趣。

王大珩1936年毕业于清华大学物理系，1938年考取留英公费生，赴英国帝国理工学院攻读应用光学，是中国派往西方学习应用光学的第二个人。他于1948年回国，任大连大学工学院首任系主任。

1951年1月24日，经钱三强推荐，中国科学院任命王大珩为仪器馆筹备委员会副主任，主持筹建仪器馆。1952年，仪器馆在长春建立，这是中华人民共和国光学事业的起点。王大珩通过仪器馆网罗和培养了许多优秀的光学技术人才，后来被称为"中国光学的摇篮"的长春光学精密机械与物理研究所（简称长春光机所）、上海光学仪器厂、材料试验机厂（长春）都脱胎于仪器馆。

1964年10月16日，新疆罗布泊上空升起一朵蘑菇云，中国第一颗原子弹爆炸成功。我们现在通过照片看到的那朵壮丽生动的蘑菇云，就是用王大珩和他的团队研制的光学仪器拍摄的。

原子弹爆炸会带来非常严重的核辐射、核冲击波和放射性污染，人必须停留在爆炸点60千米以外的地方。这些影像来自提前布置在核爆点附近的特殊摄影器材。

中国中程导弹的研制，需要一种测量空间飞行体轨道参数和飞行姿态的大型观测设备。王大珩领导的长春光机所研制出了一台重7吨、高3米、由1000多个机件组装而成的形如大炮的跟踪电影经纬仪，其集光学、精密机械和自动控制等于一体，性能赶上了当时的美国，远超苏联。制造跟踪电影经纬仪是个庞大的光学工程，当时，西方对中国进行技术封锁，王大珩领导600多人经过5年半的不懈努力，才将此研制成功。在这项工程中，王大珩任总设计师。他的工程总体方案和技术路线，起到了关键作用。他极力主张"一杆子"工程方案，由长春光机所总体负责，限期做出样机，提供成品，直至现场安装调试、交付使用。后来的研究成果证明，这是一项正确的决策。

王大珩在光学科学技术领域的贡献还有很多很多，第一台电子显微镜、第一台高温金相显微镜……史称"八大件一个汤"（"八大件"指8种光学仪器，"一个汤"指一系列新品种的光学玻璃）。他无疑是一位战略科学家，对中国的光学事业、国防科技、光学人才培养都

起到了不可替代的重要作用。

20世纪80年代，美国为保持其在军事、科技方面的压倒性优势，提出"星球大战计划"，引起了世界各国的警惕，各国纷纷推出相应的科技计划。1986年3月，中国科学院的4位年过古稀的老科学家王大珩、陈芳允、杨嘉墀、王淦昌给邓小平写信，提出"跟踪研究外国战略性高技术发展的建议"。1987年国务院批准实施《国家高技术研究发展计划纲要》，即"863计划"。

知识拓展

1987年3月，"863计划"开始实施，选择当时对中国未来经济和社会发展有重大影响的生物技术、信息技术等7个领域，确立了15个主题项目作为突破重点，以追赶世界先进水平。经过20多年的实施，"863计划"有力地促进了中国高技术及其产业的发展。2016年，随着国家重点研发计划的出台，"863计划"结束了自己的历史使命。

孙家栋：深空探测先行军

孙家栋（1929年— ），辽宁瓦房店人，中国著名航天技术专家。他是"两弹一星"功勋奖章、"共和国勋章"的获得者。他从事航天工作60余年来，主持研制了约40颗卫星，是中国人造卫星技术和深空探测技术的开拓者之一。

1951年，孙家栋与另外29人一起被派往苏联茹科夫斯基工程学院飞机发动机专业学习。1958年，成绩优异的孙家栋带着斯大林金质奖章回到了中国。

回国后，孙家栋被分配到国防部第五研究院一分院从事导弹研究工作。他说，"这是国家的需要，我无条件服从"。

1967年，在钱学森的大力推荐下，孙家栋结束9年的导弹研究生涯，进入人造卫星领域，担任中国第一颗人造地球卫星——"东方红一号"的技术负责人。

1970年4月24日，中国第一颗人造地球卫星发射成功，歌曲《东方红》响彻全球。中国成为世界上第五个能独立研究并发射人造地球

卫星的国家。这一年，孙家栋41岁。

1974年11月5日，发射第一颗返回式遥感卫星的运载火箭矗立在茫茫戈壁的发射台上。调度指挥的扬声器里传出洪亮的口令："一分钟准备！"

人们屏住呼吸，离火箭点火的时间只剩下几十秒钟。火箭将在刹那间点火起飞，然而，意外发生了——卫星没有按照设定的程序转入卫星内部自供电，这意味着运载火箭将会带着不能正常供电的卫星起飞升空。如果那样，送入太空的将会是一个重达两吨的毫无用途的铁疙瘩。

在这千钧一发的时刻，孙家栋大喊一声："停止发射！"发射程序终止了，孙家栋却因为神经高度紧张而昏厥了过去。处理完故障后，卫星和火箭又重新进入发射系统，4个小时后，火箭在震耳欲聋的呼啸声中离开了发射台，发射成功了。

发布"停止发射"的命令需一级一级申报批准，当时根本来不及了。按照正常情况，这个命令绝对不该由孙家栋发布。如果孙家栋没有很高的威望，指挥员也不会执行他的命令。

在这紧急关头果断处理需要何等的胆识，需要承担多么巨大的风险，在那个年代，不仅仅是技术风险，还有政治风险。孙家栋把个人的一切私心杂念置之度外，才拥有了如此的气魄。

1984年4月8日，"长征三号"运载火箭携带着"东方红二号"通信卫星，在西昌卫星发射中心喷射出巨大的烈焰，在震耳欲聋的轰鸣声中离开发射台，发射获得圆满成功。

然而，正当这颗卫星经变轨、远地点发动机点火进入地球准同步轨道，向预定工作位置漂移的时候，西安卫星测控中心通过遥测数据发现，装在卫星上的镉镍电池温度超过设计指标的上限值，如果温度继续升高，刚刚发射成功的卫星就危在旦夕了。

孙家栋又一次发出了打破常规的指令："立即再调5度！"现场的操作人员临时拿出一张白纸在上面草草写下"孙家栋要求再调5度"，要孙家栋签名。孙家栋又一次把个人置之度外，大义凛然地提笔签下"孙家栋"三个字。

天上的卫星执行了地面的指令后，温度呈现下降的趋势，热失控被制服了，卫星终于化险为夷。西安卫星测控中心验证了降温决策的正确性。

知识拓展

"嫦娥一号"以中国古代神话人物嫦娥命名，成功发射于2007年10月，是中国探月计划中的第一颗绕月探月人造卫星。"嫦娥一号"首次绕月探测的圆满成功，树立了中国航天的第三个里程碑，突破了一大批具有自主知识产权的核心技术和关键技术。

钱学森：中国航天之父

钱学森（1911年—2009年），浙江杭州人，中国空气动力学家，火箭、导弹专家，被称为"中国航天之父"。他是"两弹一星"功勋奖章的获得者。他在空气动力学、航空工程、喷气推进等技术科学领域做出了开创性贡献。

钱学森获得加州理工学院博士学位后留在美国从事火箭研究工作，美国海军次长金布尔说："钱学森在任何情况下，都抵得上3到5个师的兵力，我宁可把他击毙，也不能放他回红色中国。"

钱学森回国后，毛泽东主席在接见他时说："美国人把你当成5个师，对我们来说，你比5个师的力量大得多。"

那么，钱学森为什么这么厉害？

他的导师冯·卡门这样评价他："他（钱学森）是一个无可置疑的天才，他的工作大大促进了高速空气动力学和喷气推进科学的发展。他的这种天资是我不常遇到的。我发现他非常富有想象力，他具有天赋的数学才智。"

这样一位富有天资、对中国具有战略意义的科学家，从踏出国门的那一刻起，便时刻准备着回国奉献。

钱学森说："从1935年去美国，到1955年回国，我在美国待了20年。前三四年是学生，后十几年是工作，所有这一切都在做准备，为的是日后回到祖国能为人民做点事。"

钱学森的回国之路充满曲折，用了整整5年。1950年，钱学森以回国探望父亲为由，向加州理工学院请假，获得同意。实际上，他决意带着妻儿彻底回国服务。就在他打算离开洛杉矶的前两天，接到了美国移民局的通知——不准回国！

美国移民局以钱学森曾与美国共产党亲近为名，把他抓进了看守所，像对待罪犯似的，将他监禁起来进行审讯。这引起了美国科学界的公愤，有人出面才将他保释出来。

此后的5年里，钱学森受到了移民局的严密跟踪监视和定期审讯，直到1955年，他才有机会秘密将一封求助信辗转交给周恩来总理。周恩来总理火速命外交部将这封信转交给正在日内瓦参加中美大使级谈判的中方代表王炳南。

经过谈判、斡旋，1955年9月17日，钱学森终于与妻子蒋英、两个孩子乘邮船离开洛杉矶，驶向祖国。

回国后，钱学森投身"两弹一星"事业，为中国第一枚火箭、第一枚导弹、第一颗人造卫星的研制和发射成功做出了巨大贡献。

1970年4月下旬，钱学森等专家在酒泉卫星发射场，组织发射中国第一颗人造卫星。临近发射时，地面一部跟踪雷达突然出现不稳定状态，连续波测量也开始变得不同步。钱学森镇定地对大家说："不要

紧张，这如同临阵打仗一样，一慌就出错。现在最需要的是头脑冷静。"他带领大家迅速查明原因，排除了故障。1970年4月24日21时35分，随着一声巨大的轰鸣，"长征一号"火箭托举着"东方红一号"卫星腾空而起。此时的钱学森无法抑制内心的激动，两行热泪从面颊上流淌下来，他梦寐以求的愿望终于实现了！

钱学森去世后，人们举行各种形式的活动纪念和缅怀这位中国的科学脊梁，还有多所学校建立了钱学森纪念馆、钱学森学院。2001年，紫金山天文台将1980年发现的小行星3763命名为"钱学森星"。

知识拓展

2022年6月5日上午，搭载神舟十四号载人飞船的长征二号F遥十四运载火箭在酒泉卫星发射中心发射升空，成功将航天员陈冬、刘洋、蔡旭哲顺利送入太空，空间站建造阶段首次载人飞行发射任务取得圆满成功。3名航天员开启为期6个月的在轨驻留，开展空间站平台维护与照料、机械臂操作、出舱活动、舱段转移等工作，以及空间科学实验、技术试验。

程开甲：隐姓埋名的核司令

程开甲（1918年—2018年），江苏吴江人，中国著名物理学家，中国核试验科学技术的领路人。他是"两弹一星"功勋奖章的获得者。他规划、领导了抗辐射加固技术新领域研究，是中国定向能高功率微波研究新领域的开创者之一。

20世纪五六十年代，我国下决心研制原子弹。参与原子弹研制的人员必须坚守保密原则：上不告父母，下不告妻儿。从1960年夏接到调令起，程开甲一直在科学界隐姓埋名了20多年。

1937年，程开甲以优异的成绩考上了浙江大学物理系。浙江大学当时的校长是提倡求是精神、从哈佛大学毕业归国的著名科学家竺可桢。程开甲在浙江大学遇上了对他影响很大的物理学、数学大师束星北、王淦昌、陈建功、苏步青等。在这些大师的影响下，程开甲在大三时就发表了具有国际影响力的数学论文。

1946年，程开甲经英国著名学者李约瑟推荐，成为英国爱丁堡大学的学生，师从世界著名物理学家玻恩。

在玻恩的指导下，程开甲先后在国际权威学术杂志上发表了5篇有分量的超导论文，并在1948年与导师玻恩一起提出超导的"双带模型"。在这4年里，他还开阔了学术眼界，结识了不少科学巨匠。这些都影响了他一生的科研生涯。

1949年英国的军舰在长江游弋阻止解放军过江，其"紫石英"号被解放军的炮弹击伤后连升3面白旗。这件事激发了程开甲的爱国热情，他决定回国报效祖国。1950年8月，程开甲回到浙江大学物理系，后又被调到南京大学物理系从事教学科研工作。1960年，程开甲被钱三强点名调往北京第二机械工业部第九研究所，参与原子弹研制，从事核试验工作。

程开甲曾带领只有4个人的团队，完成了第一次核试验准备工作，建立了5个研究所：理论研究所、光学研究所、力学冲击波研究所、核辐射研究所、电子学和控制研究所。核试验基地建在西北，生活条件极其艰苦，饮水吃饭都是问题。程开甲为了测得各项参数和试验产生的效应数据，经常通宵达旦、废寝忘食。

1964年10月16日，在惊天动地的巨响中，百米高塔上空腾起蘑菇云，中国第一颗原子弹爆炸成功了，引起了世界瞩目。

采用百米高塔爆炸原子弹的方案是程开甲提出的。最初的方案是飞机投掷，程开甲经过分析研究否定了这个方案。他认为，一是保证投掷飞机安全的难度太大，二是会增加测试同步和瞄准上的困难，难以测量原子弹的各种效应。1964年9月，罗布泊竖起了一座102米高的顶部安装着原子弹的铁塔。

1980年以后，中国不再进行地面核试验，全部转入地下，这也与程开甲的贡献密不可分。1978年10月14日，中国首次竖井地下核试验获得成功。为了了解地下核爆炸的安全性，程开甲决定穿上防护服去核污染严重的地下管洞进行实地考察。管洞只有 80 厘米，只能匍匐前进，程开甲和他的同事们在极端危险的情况下，完成了洞内考察，获得了中国地下核试验的第一手资料。这为中国核试验全部转入地下提供了珍贵的数据。

1999 年，程开甲被授予"两弹一星"功勋奖章。2014 年，程开甲获得国家最高科学技术奖。他说："我只是代表，功劳是大家的。功勋奖章是对'两弹一星'精神的肯定，国家最高科学技术奖是对整个核武器事业和从事核武器事业团队的肯定。"

知识拓展

程开甲创立和发展了"程—玻恩"超导电性双带理论。1948 年，程开甲与玻恩共同提出超导电性双带理论模型，认为"超导电性来源于导带之上的空带中，布里渊区角上出现电子不对称的奇异分布"。20 世纪 80 年代，程开甲进一步建立、发展和完善了普遍适用于高温、低温超导的双带理论，并给出了一些实验建议。

王淦昌：牧羊教授

王淦昌（1907年—1998年），江苏常熟人，中国核物理学家，中国核科学的奠基人和开拓者之一。他是"两弹一星"功勋奖章的获得者。他参与了中国原子弹、氢弹原理突破及核武器研制的试验研究和组织领导。

抗日战争时期，西迁至贵州的浙江大学里有一位教授，每逢上课就一手夹讲义包，一手牵羊，被学生们称为"牧羊教授"。他就是王淦昌。在颠沛流离的西迁中，王淦昌患病了，为了给他补充营养，他的妻子吴月琴买来一只奶羊产奶。王淦昌深知妻子辛劳，在等待上课时便一手夹讲义包一手牧羊。

这位"牧羊教授"是一位了不起的大科学家，中国原子弹爆炸成功，就有他的一份功劳。

王淦昌从小对数学感兴趣，中学毕业后考取了清华大学物理系，成为物理系的第一届本科生。他在清华大学读书时，因为在课堂上表现出过人才华而引起了中国近代物理学先驱、清华大学物理系的创建者叶企孙教授和另一位先驱、实验物理学大师吴有训教授的注意，两位教授私下为他"开小灶"，这不仅激发了王淦昌的自信心，还带领他早早走上物理学研究的道路。在大学刚刚毕业时，王淦昌就开始研究国内无人涉猎的"清华园周围氡气的强度及每天的变化"。

1930年，王淦昌考取公费留学生，赴德国柏林大学师从世界杰出女物理学家迈特纳攻读博士学位。他在德国的4年，正是现代物理学快速发展的黄金时期，德国物理学界群英荟萃，王淦昌如痴如醉地学习了许多物理学新思想、新方法。当时，有一种穿透力极强的射线被定义为伽马射线，王淦昌心生疑惑，两次向导师提出用云雾室做探测器来验证，都遭到了导师的否定。英国科学家查德威克得知这个消息后，很快用云雾室等3种探测器，证实这种射线是一种电中性的粒子流，即中子。中子的发现为人类进入原子能时代打开了大门。查德威克因此获得1935年的诺贝尔物理学奖，王淦昌就这样与诺贝尔奖失之交臂了。

1933年，王淦昌深感报国任重，没有听从他人劝阻，回到了灾难深重的祖国。他先后在山东大学、浙江大学任教，后被调到中国科学院近代物理研究所任研究员，后任副所长。1961年，王淦昌被调到第二机械工业部第九研究设计院研制原子弹。他隐姓埋名17年，领导研制的新型炸药在核武器发展中起到了重要作用。王淦昌主持爆轰试验，先是一年内在野外做了上千次实验原件的爆轰试验，后来去海拔3000多米的青海高原开展更大型的爆轰试验，最后又开展了一系列缩小尺寸的局部聚合爆轰试验，为原子弹的设计和核爆试验的成功打下了基础。

1964年10月16日原子弹爆炸成功后，王淦昌和同事们根据党中央的指示，又马不停蹄地投入氢弹的研制中。

　　邓小平说："如果60年代（20世纪60年代）以来中国没有原子弹、氢弹，没有发射卫星，中国就不能叫有重要影响的大国，就没有现在这样的国际地位。"可见，包括王淦昌在内的"两弹一星"功勋科学家对国家的贡献有多大！

知识拓展

　　爆轰，又称爆震，是一个伴有大量能量释放的化学反应传输过程。反应区前沿为以超声速运动的激波，即爆轰波。爆轰波扫过后，介质成为高温、高压的爆轰产物。能够发生爆轰的系统可以是气相、液相、固相或气液、气固和液固等混合组成的系统。通常把液相、固相的爆轰系统称为炸药。

邓稼先：
把一生献给核事业的科学家

> 邓稼先（1924年—1986年），安徽怀宁人，杰出的核物理学家。他是"两弹一星"功勋奖章的获得者。他在核物理、中子物理、爆轰物理、等离子体物理、流体力学、统计物理和理论物理等方面广有建树。

世界著名物理学家杨振宁说，"邓稼先是中国几千年传统文化所孕育出来的有最高奉献精神的儿子，是中国共产党的理想党员"。邓稼先一生为中华民族的核武器事业鞠躬尽瘁、死而后已，是当之无愧的"两弹元勋"。

邓稼先1924年出生于安徽怀宁，1945年从昆明国立西南联合大学毕业，1948年至1950年在美国普渡大学学习理论物理。1950年在美国拿到博士学位后，邓稼先立即回国到中国科学院工作。他回国时年仅26岁，被人称为"娃娃博士"。

1958年8月的一天，钱三强找到邓稼先，告诉他我国要放一个"大炮仗"，想请他参加这项工作。第二天，邓稼先就被调到第二机械工业部刚刚成立的核武器研究所，担任理论部主任，负责领导核武器研

制的理论设计工作。从这一天起，直到28年以后，他的名字才开始出现在公共场合和公开出版物。

接到任务以后，邓稼先首先从全国各地挑选了二三十名优秀大学毕业生，组成了一个年轻的战斗集体。他们最初寄希望于向苏联专家学习，走仿制路线。苏联背信弃义，撕毁援助协议后，邓稼先便带领这些年轻的毕业生走上了极其艰难的探索与开创的道路。

鉴于毕业生们大部分不是学核物理的，邓稼先认为，一方面毕业生们需要从最基本的原子核、质子、中子学起，另一方面战线不能拉得太长。经过一段时间的摸索，邓稼先果断地确定从中子物理、流体力学和高温高压下的物质性质这3个方面去探索原子弹理论设计的奥秘。

他带领毕业生们边学边干，挑出4本国外经典著作让毕业生们精读，有时为了弄懂一个问题，常常彻夜不眠。即使在三年困难时期，他们都紧张忘我地工作着。

1960年，他们开始寻找一个非常关键且高度机密的参数。以前一位苏联专家曾经随口说了一个数值，为了验证，邓稼先和他的团队历时1年，进行了9次计算，结果都与苏联专家提供的数据相差甚远。中共中央决定调著名物理学家王淦昌、彭桓武、郭永怀前来助阵，进一步计算的结果表明：邓稼先他们的计算结果是对的，错的是苏联专家。

1962年9月，中国第一颗原子弹的理论方案诞生。1963年，原子弹总体计划完成，39岁的邓稼先在上面庄重地签上了自己的姓名。1964年10月16日，中国第一颗原子弹爆炸成功！

1963年第一颗原子弹总体计划提交以后，中共中央立即指示邓稼先投入氢弹的研制工作。邓稼先和于敏通力合作、突击苦战，于1965年冬形成了一套经过充分论证的氢弹方案，被外国人称为"邓—于方案"。

在中国进行的前 32 次核试验中，邓稼先参加和组织指挥的有 15 次，无一失误，人们都称他为"福将"，可是邓稼先的身体却遭受了难以数计的放射性金属辐射的伤害。

1979 年的一次核试验中，出现了一个偶然事故，飞机空投时降落伞没有打开，核弹从高空直接摔到了地上，100 多名防化兵都没有找到。邓稼先不顾在场同志的反对，决定亲自去找。他还坚决阻止了一位副部长和司机与自己同行，说其他人进去也没用。碎弹的主要部分被邓稼先找到了，几天后，邓稼先查出了尿液里含有很强的放射性物质，白细胞和肝脏功能也受损。

在癌细胞和放射性物质的双重夹击下，邓稼先于 1986 年 7 月 29 日与世长辞，年仅 62 岁。他为中国的核武器事业耗尽了最后一滴血！

知识拓展

1999 年 9 月 18 日，在中华人民共和国成立 50 周年之际，党中央、国务院、中央军委隆重表彰为中国"两弹一星"事业做出突出贡献的 23 位科技专家，并授予他们"两弹一星"功勋奖章。每枚"两弹一星"功勋奖章均由 515 克纯金制成，表示庄重和隆重。

钱伟长：力学巨匠

钱伟长（1912年—2010年），江苏无锡人，中国近代力学奠基人之一。他是"两弹一星"功勋奖章的获得者。他兼长应用数学、物理学、中文信息学，在弹性力学、变分原理、摄动方法等领域有重要成就。

在19岁那年，钱伟长以优异的中文和历史成绩考取清华大学，却坚持要学物理。原来，在他入学的第三天发生了九一八事变。他听到这个消息决心不学中文或历史了，要学造飞机大炮。有同学建议他进物理系，可是，钱伟长的物理成绩仅有5分，当时清华大学的物理系主任吴有训坚决不同意。

在钱伟长的软磨硬泡下，吴有训被他的热情和执着打动了："这样吧，给你一个试读的机会。想进物理系的学生特别多，在一年中，你普通化学、普通物理、高等数学这3门课必须达到70分。"

钱伟长欣然点头，开始拼命学习、刻苦攻关，一个学年下来，他的各门功课均在70分以上。他后来回忆说："那时候跟我一样拼命的有华罗庚。我是很用功的，每天早晨5点到科学馆去背书，可是华罗庚已经背完了。"苦读4年，钱伟长的物理成绩名列全班第一。毕业时，吴有训极为器重他，将他收为自己的研究生。

1940年，钱伟长获得公费留学机会，远赴加拿大多伦多大学学习，主要进行弹性力学方面的研究。他在导师的指导下，仅仅用了50天就完成了论文《弹性板壳的内禀理论》。当这一理论传到爱因斯坦耳朵里时，他兴奋地说道："好！我搞了一辈子相对论，就这个问题没搞懂，这个中国人真厉害！"

博士毕业后，钱伟长加入了美国加州理工学院的一个研究所，成为一位研究工程师，钱学森是他的同事之一。在第二次世界大战中，英国伦敦受到德国导弹的猛烈攻击，英国向美国求助。任务下达给了钱伟长一行人，经过多天的努力，他们设计出了一个干扰火箭运行的方案，这让伦敦的市中心免遭攻击。后来，英国首相邱吉尔在回忆录中提起此事，还特地夸赞了钱伟长。

1945年抗日战争胜利后，钱伟长怀着满腔热忱想要报效祖国，为此谎称回国探亲才回到了祖国，出任清华大学工学院机械系教授。没想到大战过后通货膨胀严重，钱伟长每个月的工资都不够买两个热水壶，女儿出生后，一家人的生活就更加窘迫了。为了维持生活，钱伟长四处讲课，别人一周只上6堂，他却要讲17堂。即便如此，生活还是捉襟见肘，他不得不借贷度日。

尽管生活很难，钱伟长科技救国的想法却从未动摇，他一直都在进行研究工作。这期间，他先后发表了多篇科学论文。

1947年，美方托人送来护照，承诺若钱伟长全家赴美将给予优厚待遇。当钱伟长到美国大使馆填写表格时，一个问题深深刺伤了他：若中美交战，你是否忠于美国？为美国效力？他毫不犹豫地选择了

"NO"！他后来深情回忆说："这一点是毫不犹豫的，我是忠于我的祖国的。"他还说："为了我们的民族，我们个人吃点亏不后悔，不值得后悔。我们历史上有许多英雄人物靠这么点精神，为我们中华民族立了大功绩！这就是公而忘私。"

去美国的事情不了了之。在那样艰难困苦的条件下，钱伟长在北京大学创建了中国第一个力学专业；后来又创办了中国第一个力学研究班和力学师资培养班。

与那些在专业方面从一而终，终成一代大师的科学家相比，钱伟长什么都研究，什么都有成就。有人说，如果他精专一项，未必不会成为爱因斯坦般的存在，可他却说："我没有专业，祖国的需要就是我的专业。"

知识拓展

何谓弹性板壳内禀理论呢？"板"是指平的物体，处理"板"在各种条件下的变形，100多年前就有方程式。而处理"壳"在各种条件下变形的方程式，则是多种多样的。处理一种"壳"，就要有一个方程式。钱伟长认为，这些似乎各自独立的方程式之间，必然存在统一的、共同的联系。钱伟长运用张量分析原理，找到了这个统一的方程式，提出了板壳理论的非线性微分方程组。这组方程式，被世界公认为"钱伟长方程"。

赵九章：中国空间科学开拓者

赵九章（1907年—1968年），浙江吴兴人，中国地球物理学家和气象学家。他是"两弹一星"功勋奖章的获得者。他积极倡议发展中国自己的人造卫星，对中国卫星系列发展规划和具体探测方案的制定起了重要作用。

1957年10月4日，苏联发射了世界上第一颗人造地球卫星。不久，时任中国科学院地球物理研究所所长的赵九章在中国科学院召开的座谈会上提出，我国应开展人造卫星研究。1958年1月，美国人造地球卫星也上了天，这是苏美两个超级大国展开空间竞赛，美国苦苦追赶的结果。

同年，在赵九章、钱学森等的建议下，中国科学院组建了"581"工作组，专门研究发展人造卫星。赵九章和他领导的地球物理研究所做了大量的先期准备工作。

1964年，了解到中国的运载火箭研制在一定程度上已有发射卫星的能力后，赵九章联合其他同事起草了一份发射人造卫星的报告，并

逐字逐句进行修改，经过20多天才最终定稿。报告说清了卫星对中国国防的重要作用，发射卫星和发射洲际导弹的关系，卫星与发展中国新技术的关系，等等。

1964年12月下旬是召开第三次全国人民代表大会的日子，作为代表参会的赵九章抓住机会，将署有自己名字的亲笔信直接呈送给周恩来总理，建议国家正式立项开展人造卫星研制工作。这是中国正式将发展人造卫星提上议事日程的起点。

赵九章的报告得到了党中央的重视，周恩来总理立即批转聂荣臻副总理组织人员研究论证。1965年4月，负责此项工作的国防科工委提出1970年至1971年发射中国第一颗人造地球卫星，明确卫星本体由中国科学院负责研制，运载火箭由第七机械工业部负责研制。中科院方面，赵九章被选定为卫星科学技术总负责人。

1965年，中国第一颗卫星方案论证会召开，赵九章在会上做了报告。会议确定卫星命名为"东方红一号"，以及卫星的主要技术指标、外形结构、发射时间为1970年等。会议持续40多天，赵九章在宾馆吃住，白天参加大小会议，晚上整理会上提出的技术问题，有时还和其他专家交换看法。连续多天的紧张工作常使他感到心绞痛，但他吃药缓解后又继续工作。

1966年，中国科学院卫星设计院成立，赵九章任院长。在赵九章的主持下，"东方红一号"卫星研究设计工作全面展开。在"卫星入轨后长期跟踪测轨采用什么技术"这个争论最大的问题上，赵九章果断采用机动灵活、投资少的多普勒系统。为强化卫星测轨跟踪的可靠性，赵九章组织设计院与紫金山天文台、数学所联合研究，解决了初轨定轨方法，总结了计算公式，由计算机给出随机误差模拟跟踪数据，再做轨道改进。联合工作组很快摸清了跟踪测轨仪器精度和测轨预报精度的对应关系，为制定全国布站和入轨点布站的最佳方案提供了理论根据。事后证明，这种跟踪测轨方案效果很好。

1966年，"文化大革命"开始，赵九章被迫退出卫星研制工作。直至生命终结，他也没有看到"东方红一号"上天！

为缅怀赵九章，继承发扬赵九章的科学家精神，中国科学院于1990年设立了"赵九章中青年科学奖"，并将发现于1982年的7811星命名为"赵九章星"。国际空间研究委员会执行局于2006年设立"COSPAR赵九章奖"。

知识拓展

中国成功发射"东方红一号"人造地球卫星，开创了中国航天史的新纪元。中国是继苏联、美国、法国、日本之后世界上第五个能独立发射人造卫星的国家。中国现在可以研发、生产资源卫星、气象卫星、通信卫星、导航卫星、海洋卫星等各种拥有特殊功能的卫星。

钱三强：中国原子能事业创始人

钱三强（1913年—1992年），浙江湖州人，原子核物理学家，中国原子能事业的主要奠基人和组织领导者之一。他是"两弹一星"功勋奖章的获得者。他在居里夫妇指导下从事原子核科学研究，发现了铀核三分裂、四分裂现象。

1948年6月10日，在法国获得博士学位，并已在法国国家科研中心任职的钱三强，携夫人何泽慧，抱着襁褓中的长女，经过一个多月的海上航行，回到了阔别11年的祖国。

1955年1月14日下午，地质学家李四光、核物理学家钱三强、国家建设委员会主任薄一波、地质部副部长刘杰聚集在中南海西花厅周恩来总理的办公室。他们是被周总理约来谈发展原子能和铀矿勘探情况的。

第二天，毛泽东主席在他的住所中南海丰泽园主持中共中央书记处扩大会议，专门讨论中国原子能发展事业。毛泽东主席在总结讲话中指出，只要排上日程，认真抓一下，原子弹一定可以搞起来。当时，苏联也允诺给中国提供援助。

原子弹研制工作正式启动，钱三强担负了组织领导者的角色。作为中国科学院近代物理所（后改称原子能所）所长，他广纳贤才，组建了后来被誉为"中国原子能事业的老母鸡"的第一个综合性的原子能科学技术基地，既做科学研究又有计划地培养科技人才并向全国输送。

原子反应堆和回旋加速器是原子能事业起步的关键设备。在钱三强的组织和领导下，1958年9月，中国第一座原子反应堆和回旋加速器在原子能所建成并正式移交生产。新华社称：这是我国发展原子能科学及和平利用原子能事业中有决定意义的一个阶段。

1959年，苏联撕毁援助协议，撤走专家，刚刚起步的中国原子能事业被卡了脖子，中央重新做出决策："自己动手，从头摸起，准备用8年时间搞出原子弹。"

钱三强重新排兵布阵，他点名并征得领导同意参加核武器研制的科学家有核物理学家王淦昌、彭桓武、朱光亚、邓稼先、周光召、于敏等，化学分析和化工专家吴征铠、汪德熙等。他在组织的支持下，调动中国科学院20多个研究所的精锐力量，为"两弹"清障。仅从关键的1961年来看，中国科学院各有关研究所承担第二机械工业部任务共83项，计222个研究课题，任务全部及时完成。

钱三强还奔走于全国各地，组织"群医会诊"，解决了一个又一个技术上的"拦路虎"。

1967年，中国在原子弹成功爆炸仅2年零8个月之后，又成功爆炸了氢弹，比美国快了4年零7个月，比法国快了6年零4个月，这得益于钱三强的提前部署。原来，在原子弹研制最为紧张的1960年下半年，钱三强征得第二机械工业部部长刘杰的同意，

在原子能所组织黄祖洽、于敏等人成立了轻核理论组，先行一步，对氢弹理论开展预研究。钱三强还请来华罗庚、谷超豪等人帮助解决其中的数值计算问题，轻核理论组成员最多的时候达到40人。第一颗原子弹爆炸成功两个月后，轻核理论组并入核武器研究所。通过共同开展研究和试验，他们创造了世界上从原子弹爆炸成功到氢弹爆炸成功最快的纪录。

钱三强在"两弹"研制过程中起到了战略科学家的作用。当时主持中国科学院日常工作的张劲夫说："我们研制原子弹和氢弹，三强起了重要作用，功不可没……有人总认为三强自己没参加具体的研究工作，我则认为如果没有他做学术组织工作，如果不是他十分内行地及早提出这些方案与课题，你怎么赶上和超过别人。"

知识拓展

铀核三分裂是由钱三强、何泽慧共同发现的。钱何夫妇经过反复实验、观测、分析发现，在铀核的每三千个裂变反应中，会出现一次新形式的裂变现象——铀核裂变不仅可以一分为二，而且可以一分为三。这就是铀核三分裂现象。他们还为三分裂现象找到了充足的依据，并提出了三分裂的机制理论。这一伟大发现把人类对核裂变的认识又向前推了一步。

郭永怀：
用生命守护机密的科学家

> 郭永怀（1909年—1968年），山东荣成人，中国卓越的力学家、应用数学家，中国核武器研制的主要技术领导人之一。他是"两弹一星"功勋奖章的获得者。他在空气动力学、气体动力学、爆轰学及新兴的力学方面都做出了杰出贡献。

1959年，北京的北四环区域尚不繁华，落成不久的中国科学院力学研究所的五层大楼格外引人注目。中午时分，中国科学院力学研究所副所长郭永怀从大楼里匆匆走出，坐上了一辆伏尔加轿车。轿车一路向西，消失在人们的视线里。郭永怀的研究生早已习惯了他的神秘消失、出现，每当国家广播、报纸上报道我国又进行了一次成功的核试验时，郭永怀就要回来了。研究生们都心照不宣，不去捅破那层"窗户纸"。然而有一天，他们的老师再也不会回来了。

1968年12月5日，郭永怀和警卫员牟方东从青海核试验基地飞往北京汇报工作，因飞机失事不幸遇难。

当人们从飞机残骸中发现他们时，看到了惊人的一幕：两具身体

紧紧地抱在一起，每把他们分开一点都能听到揪心的撕裂声。在他们的身体之间，人们发现了一个皮面有些受损的公文包，里面是完完整整的导弹研究数据。这是郭永怀这次要护送的东西。郭永怀飞机失事的消息传到国务院，周恩来总理失声痛哭，良久不语。此时郭永怀刚满59岁。

12月25日，在郭永怀牺牲的第21天，中央授予他烈士称号。同日，他为之奋斗多日的中国第一颗热核导弹试验获得成功。

郭永怀于1939年夏考取中英庚款留学，开始长达16年的留学生涯，1956年从美国康奈尔大学回国，不久出任中国科学院力学研究所副所长。1960年，郭永怀被调到第二机械工业部第九研究所（核武器研究院），负责原子弹弹头结构设计、引爆方式等方面的研究，领导场外试验委员会。试验基地位于长城脚下，冬天像冰窖，夏天像火炉，在这里，郭永怀和科技工作者们进行了1000多次试验。

3年多后，第九研究所总部搬到了千里之外的青海221基地，在这儿工作就像在进行一场更加艰苦卓绝的草原大会战。由于国际霸权主义的威胁，这是一个绝对机密的基地，不能搭帐篷和修建住所。这里还地处高原断氧层，空气稀薄，水煮不开，饭煮不熟，最低气温将近零下40摄氏度，条件十分艰苦。

年过半百的郭永怀终年奔波于北京和海拔3000多米的青海基地。他先是和家人说，去大西北给学生上一次大漠飓风野外观摩课，后来又说自己去种一株"大漠之花"。

青海高原条件恶劣，郭永怀和大家一起喝碱水、住帐篷，夜以继日地投身于核武器的研发中。在一无图纸、二无资料的情况下，他一方面为科研人员传授爆炸力学和弹头设计的基本理论；另一方面致力于结构强度和冲击等方面的研究,加速建立实验室,组织开展一系列前期试验。在对核装置引爆方式的采用上,他提出了"争取高的,准备低的,以先进的内爆法为主攻研究方向",为第一颗原子弹爆炸成功确定了最佳方案。原子弹的研发工作需要争分夺秒,为了不让自己睡过头,他从来不让警卫员铺褥子,而是直接睡在铁床上,硌得疼醒了就起来继续工作。

中国第一颗原子弹爆炸成功后,郭永怀又在氢弹、导弹核武器研制方面贡献了心血和智慧。2018年,国际小行星中心将编号为212796的小行星永久命名为"郭永怀星"。

知识拓展

核武器可以分为裂变武器和聚变武器,裂变武器依靠核装料的裂变产生爆炸能量,代表是原子弹。聚变武器是在裂变武器发明后研制出来的,基本原理是氘氚聚变成氦,该过程中会释放出巨大能量。但是这个聚变需要超高温才能产生,原子弹爆炸时会产生上千万度的高温,所以原子弹发明后聚变武器才能实现。聚变武器也叫热核武器,其代表是没有威力限制的氢弹。

陈景润：数学奇才

陈景润（1933年—1996年），福建福州人，数学家。他的论文《大偶数表为一个素数及一个不超过二个素数的乘积之和》详细证明了"1+2"，成为哥德巴赫猜想研究方面的里程碑。

1978年，作家徐迟的报告文学《哥德巴赫猜想》发表于人民文学第一期。从此，陈景润这个名字家喻户晓，激励着中国人民走向科学和知识的春天。

中国著名数学家陈景润为摘取哥德巴赫猜想这颗数学王冠上耀眼的明珠，付出了全部青春和才华。

陈景润是一个特殊的人，他瘦削、弱小，常常显得敏感、惊慌、迷惘，这与他的家庭及社会环境有关。好在他结识了数学，陈景润热情、专注地向数学高峰不停攀登，让他忘记了身体的病痛和周遭的恶意。也好在有老师、领导庇佑他、关怀他，保证他的身体健康，为他创造施展才华的空间，使他的才华得到绽放。

陈景润毕业于厦门大学数学系，毕业后被分配到北京的一所中学当数学老师。然而，他并不算一位好老师。厦门大学校长认为陈景润是他们学校里最好的学生，一定是工作分配不当，让陈景润无法大展拳脚。他让陈景润回到厦门大学图书馆当管理员，却不要求陈景润管理图书，只是让他专心致志研究数学。陈景润很快写出了数论方面的论文，并寄给中国科学院数学研究所。华罗庚看到后，把陈景润调到数学研究所当实习研究员。

陈景润被调到数学研究所之后，不久便对圆内整点问题、球内整点问题、华林问题、三维除数问题等做出了改进，成果突出。

陈景润一直关注着哥德巴赫猜想，在经过一定的准备后，他就以惊人的毅力向哥德巴赫猜想挺进了。

什么是哥德巴赫猜想？在数学里，1、2、3、4、5……这些数字叫作正整数。那些可以被2整除的数，叫作偶数；剩下的那些数，叫作奇数。还有一种数，如2、3、5、7、11、13……只能被1和它本身，而不能被别的整数整除的，叫作素数；除了1和它本身以外，还能被别的整数整除的，这种数如4、6、8、9、10、12……叫作合数。一个整数，如能被一个素数整除，这个素数就叫作这个整数的素因子。如6，就有2和3两个素因子；如30，就有2、3和5三个素因子。

1742年，哥德巴赫提出，每个不小于6的偶数都是两个素数之和。例如，6=3+3，24=11+13。有人对大量偶数进行了验算，一直验算到3亿3千万，仍表明这是正确的。但是更大的数目呢？猜想起来也应该是对的。猜想应当证明，要证明它却很难。

哥德巴赫猜想提出以后，直到20世纪20年代才有部分进展。后来到1956年，有外国数学家证明了"1+3"。

1966年5月，陈景润在中国科学院《科学通报》上宣布他已经证明了"1+2"，现在正在修改他的长篇证明论文。

1973年，陈景润终于完成了他精确无误、极具简练之美的论文——《大偶数表为一个素数及一个不超过二个素数的乘积之和》。这篇论文在国际上引起了强烈反响，作为结果的定理被称为"陈氏定理"。

陈景润是因呼吸循环衰竭逝世的，他为科学事业做出的最后一次奉献是捐赠遗体。

知识拓展

世界近代三大数学难题包括费马猜想、四色猜想和哥德巴赫猜想。费马猜想由法国数学家皮耶·德·费马提出，猜想内容为"当整数n>2时，关于x，y，z的方程$x^n+y^n=z^n$没有正整数解"，由英国著名数学家安德鲁·怀尔斯证明。四色猜想由格斯里提出，内容为"任何一张地图只用四种颜色就能使具有共同边界的国家着上不同的颜色"。电子计算机问世以后，大大加快了对四色猜想证明的进程，第一个计算机解由美国数学家阿佩尔和哈肯完成。

张青莲：
中国稳定同位素学科奠基人

张青莲（1908年—2006年），江苏常熟人，中国无机化学家。他长期从事化学领域的教学和科研工作，作为中国稳定同位素化学研究的奠基人和开拓者，对中国重水和锂同位素的开发和生产起到重要作用。

张青莲1931年考入清华大学研究生院，毕业时以优异的成绩考取公费留学生，1934年秋进入柏林大学物理化学系学习。张青莲在柏林大学师从著名的教授李森菲尔特，开始同位素化学尤其是重水的研究。当时，从事这方面研究的只有德、美两国的少数科学家。

在购得挪威生产的第一批重水产品后，张青莲立即开始了重水临界温度的测定研究。当时用的是微量法，石英玻璃毛细管内径为0.3毫米，恒温器温度非常高，管内压力非常大。封管时常会炸裂，实验难度大。在导师的指导下，张青莲夜以继日地奋力工作，在短期内完成了重水临界温度的测定。

张青莲在两年的重水研究中共发表10篇论文，这些论文构成了世

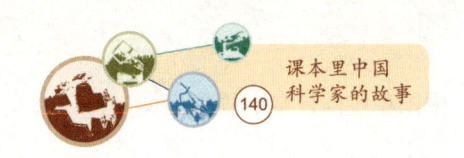

界早期重水研究经典文献的一部分。张青莲是世界上首批从事稳定同位素研究的年轻学者之一。

博士毕业后，张青莲随导师在瑞典皇家科学院物理化学研究所做访问学者。在这一年里，他学习世界一流科学家课程，参观英国剑桥的卡文迪什实验室、巴黎的居里镭学研究所和其他诺贝尔科学奖获得者的实验室，这些经历令他眼界大开。

张青莲1937年夏天毕业回国，1939年受邀赴国立西南联合大学化学系任教授。

国立西南联合大学条件十分艰苦，张青莲和他的助手用从国外带回的110克重水和一些石英玻璃仪器，完成了两篇关于重水性质的论文：一是测定了重水最大密度值的温度为11.21±0.5摄氏度；二是首次将测定重水密度时的温度提高到50摄氏度，纠正了当时文献中认为靠近此温度时密度有一最大值的错误。

中华人民共和国成立后，为增强国防力量，尽快发展核工业成为我国的一项国策。掌握重水和锂同位素的生产技术，是发展核武器的一个重要任务。从1957年开始，张青莲受化工部的委托，赴生产试验基地做重水生产方法的讲学。1960年，他参加了讨论重水研制方案的会议，在会上做了"重水的物理化学性质"的报告，随后又参加了重水试验基地的现场会议。他提供了工厂生产中控制中间产品氘含量分析的落滴法，解决了没有质谱仪进行氘含量测定的困难。

1963年，他设计了浮沉子检测成品的部颁标准方法，并提供了一种重水成品的标准样品。20世纪80年代，他将此种标准样品发展成一套重水系列标准样品。此后，他不断协助工厂解决重水生产过程中的具体问题。

20世纪60年代初,由于苏联撤走专家,不再提供技术资料,锂同位素分离工厂一度陷于瘫痪。张青莲应核工业部之邀担任了技术顾问。他不仅指导锂同位素的生产研制工作,还经常出席生产会议,参与生产规划的讨论,为工厂提供了工段分析中锂同位素丰度的晶体浮定快速分析方法。

可见,张青莲不仅为中国的稳定同位素学科奠基,在中国核武器研制这项重要的科研工作中,也做出了重要贡献。

知识拓展

20世纪30年代,科学家们发现,4个氢原子的质量远大于1个氦原子的质量,他们怀疑氢含有一种较重的同位素。1932年,美国化学家H·C·尤里在研究氢原子光谱的实验中发现氢的同位素重氢,又发现了重水,因此于1934年获诺贝尔化学奖。

徐光宪：中国稀土之父

徐光宪（1920年—2015年），浙江上虞人，中国著名的物理化学家、无机化学家，被誉为"中国稀土之父""稀土界的袁隆平"。他建立了具有普适性的串级萃取理论，引导了中国稀土分离科技和产业的全面革新。

徐光宪1948年考取公派留学生赴美留学，1951年获美国哥伦比亚大学物理化学博士学位。

当时朝鲜战争已经爆发，徐光宪和妻子高小霞无论如何也不愿意留在一个和自己祖国敌对的国家，怀着建设中华人民共和国的爱国心，他们于1951年4月15日离开美国，乘船回到中国。徐光宪经唐敖庆推荐，任北京大学化学系副教授，同时兼任燕京大学化学系副教授。在北京大学化学系任教的几年里，徐光宪倾尽心血编著了经典教材《物质结构》。这本教材使中国原本落后国外二三十年的大学化学教学水平大幅提高，和国外一流大学站在了同一起跑线上，在全国沿用1/4个世纪之久。

1972年，为扭转中国稀土工业的落后状况，徐光宪接受了一项军工任务，开始稀土分离方法的理论和实践研究。

当时，稀土分离工艺作为高度保密的尖端技术，被牢牢掌握在外国人手里。中国有着巨大的稀土资源，却不得不以低价出口稀土，再以几十倍甚至几百倍的价格从国外购进深加工的稀土产品。

在查阅资料时，徐光宪发现，对于分离镨和钕的问题，国外学界也尚未有很好的解决方案。无先例可循，徐光宪做出了一个大胆的决定——挑战萃取法分离的国际难题。这是年过半百的徐光宪第三次改变研究方向，换专业，只有一个理由：此时此刻，祖国需要我。

当时在国际上，稀土萃取化学还是一门并不成熟的新兴学科。为此，徐光宪付出了百倍的辛劳：住实验室、啃干面包，在北京和出产稀土的包头矿山之间来回奔波。

功夫不负有心人，3年之后，徐光宪和他的团队终于取得突破！徐光宪带领学生查遍了国内外相关资料，终于在美国人因失败而放弃的推拉体系中找到灵感，自主创新出一套串级萃取理论，把镨钕分离后的纯度提高到了创世界纪录的99.99%。然而对于徐光宪来说，这只是传奇的开始！

徐光宪面临的最大挑战是把串级萃取理论真正应用于大规模工业生产。为获得准确参数，他不得不使用烦琐的"摇漏斗"方法来模拟串级试验。整套流程下来需要耗费100多天的时间，如果得不到满意的结果，一切又都要从头再来。

为了更快地推进稀土研究，徐光宪每周要工作80个小时。他白天"摇漏斗"，晚上琢磨理论，黑白连轴转，没有节假日。

他在实践的基础上推导出了100多个化学公式，设计出了优化的

工艺流程，并利用当时还不普及的计算机技术进行虚拟试验，使原本复杂的稀土生产工艺彻底简单化，原来需要100多天才能完成的模拟试验流程被缩短到不足一星期。

自此，中国稀土分离技术开始走在世界前列，从根本上改变了受制于人的困窘局面。1978年，徐光宪开办全国串级萃取讲习班，将自己的科研成果在国营工厂里无偿推广。几年前还被国外企业当作最高机密的稀土分离技术，成了一项中国的乡镇企业都能掌握的工艺。很快，法国、美国和日本在国际稀土市场的垄断地位被打破，中国实现了由稀土资源大国向稀土生产大国、出口大国的飞跃。

到20世纪90年代初，由于中国单一高纯度稀土大量出口，国际稀土价格降为原来的近1/4。很多外国稀土生产厂家不得不减产甚至停产，成功改写了国际稀土产业的格局。国际同行大为震惊，甚至有一个专门的词来形容当时的情况，叫作China Impact（中国冲击）。

知识拓展

徐光宪设计的回流串级萃取新工艺让镨钕分离后的纯度大大提高，至今无人超越。在当年，世界上一般萃取体系的镨钕分离系数为1.4—1.5，而徐光宪使镨钕分离系数达到了4，这是一个质的飞跃。徐光宪使原来那种耗时长、产量低、分离系数低、无法连续生产的生产工艺被彻底抛弃。

林巧稚：万婴之母

林巧稚（1901年—1983年），福建思明人，中国著名医学家。她在胎儿宫内呼吸、女性盆腔疾病、妇科肿瘤、新生儿溶血症等方面做出重要贡献，是中国妇产科学的主要开拓者、奠基人之一。

　　林巧稚一生没有结婚，却接生了5万多个婴儿。她把自己的一切奉献给了母亲和儿童，被尊称为"万婴之母""生命天使"。

　　1901年，林巧稚出生于一个教员家庭。受母亲患子宫癌去世的影响，她从小就立志做一位救死扶伤的医生。1921年，刚刚落成的北京协和医科大学开始招生，林巧稚辗转前往上海报上了名。考试时，同考场的一位女生晕倒了，林巧稚立刻放下手中的试卷上前急救，还把她送到了医院。当她回到考场时，考试已经结束。林巧稚认为自己已经落榜，没想到放榜那天，看到了自己的名字。原来，协和医科大学被她舍己救人的态度打动，决定破格录取她——舍己为人的爱心和沉着冷静的态度正是一个医生必备的品质。1929年，林巧稚获得协和医科大学医学博士学位并于北京协和医院任职。她是学校首届"文海

奖学金的唯一获得者。1939年，林巧稚到美国芝加哥大学医学院进修学习。1940年，林巧稚回国。

1941年，日本人占领了协和医院，并把林巧稚和她的同事全部赶了出去。不久之后，林巧稚在北京东堂子胡同10号门口挂出牌子继续救治产妇和婴儿。

一个雨夜，林巧稚家门外响起了急促的敲门声，产妇难产的凶讯传来。林巧稚拿起出诊包就走，到产妇家的时候已近半夜，产妇处境危急，腹中胎儿横位，胎心音微弱。林巧稚马上开始小心地矫正胎位，耐心而细致地引导产妇生产。等待的过程中，她还给产妇喂下大半碗棒子面粥，产妇恢复了一些力气。渐渐地，胎儿的头也进入了产道。终于，林巧稚熟练地握住了产钳……天蒙蒙亮时，林巧稚接出了婴儿，她倒提着脸色发紫的婴儿轻轻拍打，婴儿声音嘹亮地哭了起来。林巧稚这才松了一口气。

林巧稚准备回家时，这家人面面相觑、欲言又止。疲惫的林巧稚连忙摆了摆手说："费用就全免了吧。"说着，她又掏出几张钞票，并说这些钱用来给产妇买补品。

1948年，林巧稚返回协和医院。1955年，她当选为中国科学院院士。她在行医过程中救过无数妇女和婴儿的命，她的接生记录中保存着很多与她有关的婴儿的名字：爱林、仰林、敬林、念林……孩子们长大后给她写信，叫她"林妈妈"。

20世纪50年代，有一位女工因新生儿溶血症连续失去了3个胎儿，她写信向林巧稚求助。新生儿得溶血症，当时在国内还没有成活的先例。为了圆这位女工的母亲梦，林巧稚查遍国外最新的医学信息，进行了大规模的妇科病普查普治，约有关专家座谈，创造出用脐静脉换血的方法治疗新生儿溶血症，填补了中国医学这方面的空白。

　　林巧稚去世时留下了这样的遗嘱：3万元积蓄捐献给首都医院的托儿所；遗体供医院做医学研究用；骨灰撒在故乡鼓浪屿周围的海面上。

知识拓展

　　新生儿溶血症是指由于母子血型不合，母亲体内产生与胎儿血型抗原不配的血型抗体，这种抗体通过胎盘进入胎儿体内引起同族免疫性溶血，常见Rh血型系统和ABO血型系统的血型不合。临床表现为黄疸、贫血、核黄疸等。新生儿期其他导致溶血的原因还有红细胞酶或红细胞膜的缺陷，这些都有专有的名称，只有血型不合的溶血称为新生儿溶血症。

钟南山：生命的卫士

钟南山（1936年— ），福建厦门人，中国著名呼吸病学专家。他是"共和国勋章"的获得者。他在重大呼吸道传染病及慢性呼吸系统疾病的研究、防治与治疗方面成就突出。

继2003年非典型性肺炎之后，2020年新型冠状肺炎疫情又在一夜之间将钟南山推到了全国人民面前。

2020年1月18日晚，在广州开往武汉的高铁上，钟南山坐在餐车一角，双眉紧蹙，仰靠背椅，闭目小憩。在武汉，一场无硝烟的艰难战役正在等待着他。

2020年伊始，新型冠状肺炎疫情在武汉蔓延。中华大地上全民抗疫，一批又一批的医护人员悲壮逆行，钟南山又一次披甲上阵，冲锋一线。这一年他84岁。

钟南山，一个仿佛永远不会退缩的逆行者。

时间回到2002年12月22日，钟南山所在的广州医学院第一附属医院接收了一位来自广东河源的肺炎患者，各种抗生素在这位患者身上均未见效。两天后，接触过该患者的8位医护人员全部被感染。多年的行医经验告诉钟南山，情况有异、局势不妙。

2003年春节过后，病例剧增。钟南山在大年初三临危受命，出任广东非典医疗救护专家组组长，并提出"把重病人都送到我这里来"。那一年，钟南山67岁，他曾连续38个小时没合眼，一直坚持救治患者。

人们这样评价他："84岁的钟南山，有院士的专业，有战士的勇猛，更有国士的担当。"

在非典、新冠肺炎疫情中，钟南山的精准判断和突出贡献令他誉满华夏。其实，早在20世纪90年代，身为著名呼吸病专家、中国工程院院士的他，就以奉献、开拓、钻研、合群的"南山风格"名扬南粤大地。

钟南山的父母早年留学美国，他和妻子的大部分亲戚都在国外。他的父亲钟世藩是中山医科大学的儿科一级教授，当年从美国学成归国，在当时广州最大的中央医院任院长，掌管着医院一笔13万美元的巨款。中华人民共和国成立前夕，国民党中央卫生署的一名官员到他家里来了四五次，动员他父亲将这笔款子带往台湾。他的父亲虽然不问政治，但还是觉得应该留在祖国大陆。当时的情景，给年仅13岁的钟南山留下了深刻的印象。

1971年，钟南山调回到阔别多年的广州，几经转岗，最后落脚在"慢支防治小组"，一干就是30多年，最终成为呼吸疾病的权威。

1979年至1981年，钟南山到英国爱丁堡大学和伦敦大学研修。面对导师先入为主的轻视，为了给中国人争口气，长期学俄语的他仅用了半年时间就攻克了语言关，全身心地投入学习和科研中。在英国进行关于吸烟与健康的研究时，为了取得可靠的资料，他让皇家医院

的同事向他体内输入一氧化碳，同时不断抽血检验，一直坚持到血红蛋白中的一氧化碳浓度达到22%才停止。实验取得了满意效果，钟南山却几乎晕倒。要知道，这相当于正常人连续吸60多支香烟，同时抽800立方厘米的鲜血。

从当年谢绝盛情挽留回国，到与非典、新冠肺炎疫情殊死搏斗。回首往事，钟南山说："在国内做研究，困难要多一些，但这是为自己的国家干，心里踏实，有成就感。"

知识拓展

引起非典的SARS病毒与引起新冠肺炎的新型冠状病毒同属于冠状病毒大家族里的"兄弟姐妹"，基因进化分析显示他们分属于不同的亚群分支，病毒基因序列有差异。在自然界中，冠状病毒广泛存在于动物体内，但是它有一个明显的特点是必须依赖宿主细胞才能繁衍。

袁隆平：杂交水稻之父

袁隆平（1930年—2021年），江西德安人，著名农业科学家、中国杂交水稻事业的开创者，被称为"杂交水稻之父"。他是"共和国勋章"的获得者。他发明了"三系法"籼型杂交水稻，成功研究出"两系法"杂交水稻，创建了超级杂交稻技术体系。

2021年5月22日，一辈子都在为解决中国人吃饭问题而奔波劳碌的袁隆平在湖南长沙逝世。消息传出，举国同悲。大家纷纷说："我再也不会浪费粮食了。""我会好好吃饭。"

袁隆平出生在战乱年代，从小跟着家人过着颠沛流离的生活。在重庆求学时，他经历了大轰炸。他感到，要想不受别人欺负，国家必须强大起来。他还亲眼见到倒伏在路边的饿殍，十分痛心，因此，他选择农业报国，想让大家"吃饱饭"。

1953年，从西南农学院毕业后，袁隆平被分配到湖南安江农校工作。他下定决心解决粮食增产问题，不让老百姓挨饿，以求早日实现"禾下乘凉梦"。

1961年，袁隆平在实习的农场发现了一株鹤立鸡群的野生杂交稻株。他灵光一现：存在天然杂交稻株，意味着也有人工培育杂交稻株的可能，这样就有可能大大增加稻株产量了！他从此走上了探索杂交水稻的道路。

袁隆平推断，先有雄性不育株才有天然杂交稻株的可能。1964年六七月，水稻进入抽穗扬花时节，袁隆平每天早出晚归，带着水壶和馒头，赤脚踩在冷水中，手拿放大镜，在成千上万的稻穗里寻找天然雄性不育株，经常乘兴而去，败兴而归。这样坚持了14天，在用放大镜观察了14万多株稻穗后，他从洞庭早籼品种中发现了第一株雄性不育株，最后一共找到6株。经过两年盆栽杂交试验，人工杂交水稻结实率高达80%—90%。

杂交试验成功后，袁隆平摸索出培育杂交水稻的"三系"配套方法：雄性不育系、雄性不育保持系、雄性不育恢复系。1970年，助手在袁隆平的指导下发现了优良的野生雄性不育株"野败"，大大加快了"三系法"配套研究工作的速度。

1973年，袁隆平突破国际研究中遇到的"制种"等难关，发明"三系法"杂交水稻，育成中国第一个大面积应用的强优势杂交水稻"南优2号"组合，成功在中国组织实施超级杂交稻"种三产四"丰产工程、"三分地养活一个人"粮食丰产工程等高产攻关项目。

除了"禾下乘凉梦"，袁隆平还有另一个梦想——杂交水稻覆盖全球梦。

从20世纪80年代起，袁隆平和他的团队为80个左右的发展中国家培训了1.4万多名杂交水稻技术人才。全球有印度、孟加拉国、印度尼西亚、越南、菲律宾、美国、巴西、马达加斯加等40多个国家和地区实现了杂交水稻的大面积种植，每年种植面积达到800万公顷，平均每公顷产量比当地优良品种高出近2吨。

直到去世前的一段时间，91岁高龄的袁隆平仍保持着"泥腿子科学家"的作风，多次走到农地里察看稻田的长势。袁隆平说："人就像种子，要做一粒好种子。"

1999年，为纪念袁隆平的科学成就，中国科学院北京天文台施密特CCD小行星项目组将发现的一颗小行星命名为"袁隆平星"。2022年4月，为缅怀、纪念袁隆平，袁隆平雕像在湖南省农业科学院落成揭幕。

知识拓展

"野败"是袁隆平对雄性不育野生稻的命名。雄性不育野生稻——我们俗称的"稗子"，是亲缘更接近于谷子(小米)和狗尾巴草的植物，跟稻子、麦子同属于禾本科。稻子因为长期选育，优点和缺点都很突出：优点是粮食的可食性强和产量大；缺点是适应自然的能力差。稗子虽然可食性差、产量低，但生存能力、抗病虫害和抗自然灾害能力强。杂交水稻结合了稻子的优良食性与稗子的较好的适应自然的能力，同时还尽可能创造产量。

黄旭华：中国核潜艇之父

黄旭华（1924年— ），广东揭阳人，中国核潜艇研究设计专家，被称为"中国核潜艇之父"。他是"共和国勋章"的获得者。他曾先后担任中国核潜艇工程第一代副总设计师、总设计师，主持了第一代核潜艇的研制工作。

黄旭华1949年毕业于国立交通大学造船工程系，1958年被调往北京从事核动力潜艇研究设计工作。

20世纪50年代正值美苏争霸，两国争先研制核潜艇。1954年1月，美国研制的世界上第一艘核潜艇"鹦鹉螺"号下水。1957年8月，苏联第一艘核潜艇K-3"列宁共青团"号首航。至此，美苏两个超级大国不仅形成了陆海空三位一体的核战略格局，而且具备了第二次核打击能力。

1958年6月27日，时任国务院副总理、作为中央原子能事业三人领导小组成员的聂荣臻向中共中央呈报了《关于开展研制导弹原子潜艇的报告》。这份报告得到了毛泽东主席的圈阅批准，毛泽东主席决心建造中国自己的核潜艇。

来到北京以后的黄旭华面临的情况是：中国并不具备研制核潜艇的硬件条件；没有核潜艇的相关知识和参考资料；没有足够的科研水平。

没有条件，创造条件也要上！黄旭华和同事们一边设计图纸和模型，一边施工，没日没夜地工作。没有计算机，他们就用算盘和计算尺，算出了首艘核潜艇的数万个数据；为了控制核潜艇的总重量，保持稳定性，他们甚至不放过任何边角余料，对零件进行一一称重。用这样的笨办法，黄旭华和同事们突破了核潜艇中关键的核动力装置、水滴线型艇体、艇体结构、发射装置等技术，为中国首艘核潜艇首次深潜试验奠定了坚实基础。

数吨重的核潜艇要潜到水下数百米深的地方，危险程度可想而知。艇上一块扑克牌大小的钢板深潜后承受的外压超过1吨。艇体如果有一块钢板不合格、一条焊缝有问题、一个阀门封不严，都可能导致艇毁人亡。黄旭华和同事们准备了28套、500多条应急处置预案，但他们还是面临着巨大的心理考验。

10米、100米、200米……核潜艇不断向极限深度下潜。海水挤压着艇体，舱内不时发出咔嗒咔嗒的巨大声响，每一秒都惊心动魄。黄旭华和同事们全神贯注地测量和记录着各项数据。成功了！核潜艇稳稳地潜到了极限深度。当核潜艇浮出水面时，试验现场的人群沸腾了。

1958年，进入核潜艇总体设计组后，黄旭华对家人而言也像一艘驶入深海的潜艇：既不知道他在哪里，也不知道他在做什么。家人只能通过一个神秘的邮箱和他取得联系，邮箱里面会断断续续地传来一些言辞模糊的消息。甚至父亲去世，黄旭华也没能赶回来见父亲最后一面。直到黄旭华阔别家乡30多年后的一天，他的母亲才见到了自己的儿子，她还通过杂志上的一篇报告文学《赫赫而无名的人生》了解到黄旭华在做的事业。黄旭华的母亲流着泪，对全家人说："三哥（黄旭华）的事情，大家都要谅解。"

黄旭华是中华人民共和国成立以后，中国核科技战线上无数无名英雄的缩影。一旦许国，他们便隐姓埋名，无声奉献。

知识拓展

核潜艇是潜艇的一种类型，指以核反应堆为动力来源设计的潜艇。由于这种潜艇生产复杂、操作成本高，加上相关设备的体积与重量大，这种潜艇只用于军队。核潜艇水下续航能力能达到20万海里，自持力达60—90天。全世界宣称拥有核潜艇的国家有6个，分别为美国、俄罗斯、英国、法国、中国、印度。

吴孟超：中国肝胆外科的开拓者

吴孟超（1922年—2021年），福建闽清人，中国肝胆外科的开拓者和主要创始人之一，被称为"中国肝胆外科之父"。他首次提出肝脏"五叶四段"的解剖学理论，并成功突破"中肝叶"手术禁区，推动中国肝胆外科事业不断腾飞。

2018年7月，人们通过央视节目《朗读者》看到，96岁的吴孟超有一双神奇的手——因为拿了70年的手术刀已经严重变形，青筋盘结暴露，右手食指指尖微微向内侧弯，但又超乎寻常的柔软细腻。

别看他的食指已经畸变，在被手术部位涌出的血遮住器官时，他能够凭经验和直觉准确找到问题点，精准得分毫不差，如同有雷达引导。同行赞叹"这是一双长了眼睛的手"。

1958年，第二军医大学第一附属医院接诊了一名肝癌患者，吴孟超和张晓华、胡宏楷组成"三人小组"为患者实施了手术。手术过程很顺利，但几天后患者却去世了。吴孟超左思右想，认为原因是对肝脏解剖关系不清楚，导致术中出血问题没有处理好。

1959年，在一间简陋的实验室里，"三人小组"历时4个多月、试用了20多种灌注材料后，终于成功做出了一副肝脏标本，这是中国第一具完整的肝脏血管铸型标本。吴孟超对肝脏血管结构进行了更深入的研究，创造性地提出了沿用至今的肝脏"五叶四段"的解剖学理论。

肝脏像是一团充满血液的"海绵"，碰一碰就会出血。多年来，外科医生对此伤透了脑筋。当时手术中普遍采用的方法是世界通用的低温麻醉法，对于身体虚弱的术中患者来说，这种方法容易引起多种并发症，从而导致死亡率居高不下。

一次术后洗手时，吴孟超从水龙头控制流水的方式中获得了灵感，他想到在肝动脉和门静脉出入肝脏的地方装个"开关"，阻断通往肝脏的血流，一定时间后打开，恢复供血，在一开一关间切除肿瘤。在动物身上试验成功后，这个方法被用于临床，手术成功率提高到99%！这项发明被肝外科手术沿用至今。

1975年，一名肚大如十月怀胎的男性患者千里迢迢慕名找到吴孟超。吴孟超经过仔细地检查，诊断患者为巨大肝海绵状血管瘤。当时，国外把4厘米以上的血管瘤称为"巨大"，美国一家肿瘤研究所遇见的一例最大的血管瘤，也只有25厘米，因怕大出血，不敢切除。这名患者的肿瘤直径有60厘米，应该算是"超级巨大"了。但吴孟超总会把患者的疾苦放在第一位，而很少考虑自己将承担的风险。因此，他决定：做！

吴孟超制定了详细的手术方案，并做了应急预案，以保万无一失。医院成立了9个协作组，40多人配合手术。患者的腹腔被完全打开，露出一个巨大的紫红色肿瘤。吴孟超把肿瘤上的众多血管切断结扎，再把肿瘤与肝一点点剥离开来。12个小时后，肿瘤与肝脏成功剥离。

术后，吴孟超又抱着被子住进了病房，花了7天时间观察患者。11天后，患者能下床了。一个半月后，患者出院，回家照常务农，一直活到现在。

从此，吴孟超获得了一个"吴大胆"的绰号。手术成功后，吴孟超又开始思索：如果手术之前肿瘤能缩小一些，那么手术中的风险就会减小许多。

1983年，吴孟超提出了一个新概念——肝癌"二期手术"，即第一阶段治疗目标是缩小肿瘤，第二阶段才实施手术。这一方法使得患者的五年生存率达到48.5%。

2011年5月，第17606号小行星经国际组织审核批准，被永久命名为"吴孟超星"。

知识拓展

"五叶四段"解剖学理论认为，人的肝脏分成"左外、左内、右前、右后和尾状"五个叶，左外叶和右后叶又各分两段，共四段。这一理论在1960年6月第七届全国外科学术会议上正式提出并沿用至今，为肝脏手术提供了关键性的解剖标识，成为探索肝脏新手术的理论依据和技术保障。

屠呦呦：青蒿素之母

屠呦呦（1930年—），出生于浙江宁波，药学家。她因发现治疗疟疾的药物青蒿素，而获得诺贝尔生理学或医学奖，是"共和国勋章"的获得者。她毕业于北京医学院（今北京大学医学部），后一直在中国中医研究院（今中国中医科学院）工作。

2015年10月5日，年度诺贝尔生理学或医学奖揭晓，中国女科学家屠呦呦因在疟疾治疗研究中的突出贡献获得该奖项。消息传来，全国上下为之振奋，中华大地上每个角落都在热议着这位80多岁的药学家。她的名字源于《诗经·鹿鸣》中的"呦呦鹿鸣，食野之蒿"，网友评论道，"没想到诗句中的那株野草改变了这个姑娘的命运""今年叫呦呦的孩子少不了"。

诺贝尔奖是全球公认的颁奖领域内（物理学、化学、和平、生理学或医学、文学和经济学）能够取得的最高荣誉。屠呦呦获奖，是中国科学家因为在中国本土进行科学研究而首次获得诺贝尔科学奖，是中国医学界迄今为止获得的最高奖项，也是中医药成果获得的最高奖项。那么，屠呦呦在疟疾治疗研究中做出了什么突出贡献？那就是，屠呦呦和她的团队于1971年发现了青蒿素——一种治疗疟疾的药物。这种药物的出现，挽救了全球，特别是发展中国家数百万人的生命。

青蒿素的发现源于毛泽东主席和周恩来总理下达的一个紧急援外的任务，即"523任务"，目标是发明新的抗疟药，帮助越南解决越南战争中疟疾流行的问题。1969年，中国中医研究院中药研究所的实习研究员屠呦呦加入中药组并任组长。

屠呦呦及其中药组首先面临的难题是如何在中国历代浩如烟海的中药中寻找到有效抑制疟疾的药物。在屠呦呦的领导下，中药组系统整理历代医籍、民间方药，收集了2000余方药，编写了以640种药物为主的《抗疟单验方集》，对其中的200多种中药开展实验研究。

在针对重点中药胡椒的实验失败后，中药组曾一度将关注点集中在青蒿上。青蒿对鼠疟原虫曾出现过60%—80%的抑制率，但效果不太稳定，实验并未在早期获得成功。中药组又将注意力转移到对鼠疟原虫抑制率曾高达90%的雄黄上，后因一直未能解决雄黄加热到一定温度后会氧化产生剧毒成分的老问题而放弃。再后来才又将注意力转回抑制率第二的青蒿上。

1971年，屠呦呦从东晋葛洪《肘后备急方》中学到了青蒿"绞汁"用药的方法："青蒿一握，以水二升渍，绞取汁，尽服之。"她悟及青蒿的抗疟有效成分可能忌高温或酶解。因此，她改用乙醚低温提取，经反复实验分离，获得编号为191的青蒿中性提取物样品。该提取物显示对鼠疟原虫具有100%的抑制率。中药组成功获得抗疟有效单体——青蒿素，从而确定了抗疟分子。历经380多次失败，屠呦呦

和她的中药组终于成功了。高效、速效、低毒，对抗氯喹（kuí）恶性疟有特效的抗疟新药青蒿素诞生了。为了确保药物安全，屠呦呦曾多次以身试药，一度导致肝中毒。她说，在那个年代，大家都愿意以身试毒。

获得诺贝尔奖后，屠呦呦在接受新华社记者采访时说："这个荣誉不仅仅属于我个人，也属于我们中国科学家群体。"她还曾说："这是中国人、中国科学事业、中医中药走向世界的一个荣誉。""这是军民大联合的项目，大家都是很协作、不分你我的。"

知识拓展

疟疾是一种疟原虫寄生于人体而引起的传染病，有症状患者和无症状带虫者的血液是其传染源。疟疾主要表现为周期性发作的全身发冷、发热、多汗，长期多次发作后可引起贫血和脾肿大。如今疟疾仍然在全球范围内流行，世界上约有40%的人口生活在疟疾流行区域。中国已于2021年获得世界卫生组织给予的无疟疾认证。

南仁东：仰望星空的科学家

南仁东（1945年—2017年），吉林辽源人，中国天文学家。他提出500米口径球面射电望远镜（FAST）工程概念，主持攻克了一系列技术难题，在FAST重大科学工程的顺利落成中发挥关键作用。

2017年10月10日，中国科学院国家天文台发布了南仁东主持建造的科研重器"天眼"——中国500米口径球面射电望远镜（FAST）取得的首批成果：FAST探测到数十颗优质脉冲星候选体，其中6颗通过国际认证。然而，在这个成果公布之前的9月15日，FAST首席科学家、总工程师南仁东与世长辞，享年72岁。2019年9月，南仁东被授予"人民科学家"称号。

20世纪90年代初，中国最大的射电望远镜口径不到30米。南仁东提出要建造一个口径500米的全球最大的射电望远镜，其面积相当于30个足球场。这是一个严密的科学工程，也是一个复杂的建设工程。

打造这个射电望远镜，需要有一个数百米大的被四面山体围绕的山谷。这个"天然大坑"能放下超大反射面，而且山体还要挡住外面

的电磁波。

　　有人告诉南仁东，贵州的喀斯特洼地多，能选出性价比最高的"天眼"台址。南仁东马上乘上了从北京到贵州的火车，绿皮火车咣当咣当开了近50个小时。从1994年到2005年，南仁东带着300多幅卫星遥感图，走遍了贵州大山里的300多个备选点，上百个窝凼。

　　在乱石密布的喀斯特石山里，有些荒山野岭连小路都没有，只能从石头缝间的灌木丛中，深一脚、浅一脚地挪过去。

　　爬上七八十度的陡坡，人就像挂在山腰间，要是抓不住石头和树枝，一不留神就摔下去了。有一次，南仁东下窝凼时，瓢泼大雨从天而降。因为亲眼见过窝凼里的泥石流，南仁东往嘴里塞了几颗救心丸，连滚带爬回到了垭口。

　　道路条件差，南仁东每天最多只能走几十千米，晚上回到县城，白天再跋涉过来。当时，周边县里的人几乎都认识南仁东，一开始人们以为发现了矿，后来说发现了"外星人"。最终，南仁东选择了贵州平塘克度镇金科村大窝凼的喀斯特洼坑。

　　2014年"天眼"反射面单元即将吊装时，南仁东坚持自己第一个上，亲自进行"小飞人"载人试验。这个试验需要用简易装置把人吊起来，送到6米高的试验节点盘。在高空中无落脚之地，全程需手动操作，稍有不慎，就有可能摔下去。从高空下来，南仁东的衣服完全被汗水浸透了。"天眼"现场有6个支撑铁塔，每个建好时，他总是第一个爬上去。几十米高的圈梁建好了，他也要第一个走上去，甚至在圈梁上奔跑，开心得像个孩子。

　　FAST落成前，南仁东已罹患肺癌，并在手术中伤及声带。他患病后依然坚持工作，尽管身体不适合舟车劳顿，他仍从北京飞赴贵州，亲眼见证耗费自己22年心血的大科学工程的落成。

如今，当人们走进贵州平塘克度镇这个偏僻的黔南小镇，再穿过一道道的狭窄山口时，目光会被一个500米直径的白色钢环所吸引——那是FAST的圈梁。

2018年10月，中国科学院国家天文台宣布，经国际天文学联合会小天体命名委员会批准，国家天文台于1998年9月发现的国际永久编号第79694号的小行星被正式命名为"南仁东星"。同日，由中国美术馆馆长吴为山创作的"时代楷模"南仁东塑像在"中国天眼"现场落成。

知识拓展

FAST是具有中国自主知识产权、世界最大单口径、最灵敏的射电望远镜。以南仁东为首的科学家和工程技术人员提出了3项自主创新：利用贵州天然的喀斯特洼地作为台址；洼地内铺设数千块单元组成500米口径球冠状主动反射面；采用轻型索拖动机构和并联机器人，实现望远镜接收机的高精度定位。

顾方舟：
护佑儿童健康的糖丸爷爷

顾方舟（1926年—2019年），浙江宁波人，中国著名病毒学家，被称为"中国脊髓灰质炎疫苗之父"。他在中国首次用猴肾组织培养技术分离出脊髓灰质炎病毒，并用病原学和血清学的方法证明了I型为主的脊灰流行。

一粒小小的糖丸，承载着很多人童年里的甜蜜回忆。糖丸里包裹着的是"糖丸爷爷"顾方舟为抗击脊髓灰质炎而无私奉献的故事。

1951年8月，顾方舟作为中华人民共和国成立后第一批被派往苏联的留学人员，前往苏联医学科学院病毒学研究所学习。1955年，他获得医学副博士学位回国。

早在顾方舟回国前的1953年，江苏南通突然暴发脊髓灰质炎，导致1680人瘫痪，400多人死亡，其中大部分为儿童，全国为之恐慌。回国以后，他就开始投入脊髓灰质炎的研究与治疗中。

脊髓灰质炎病毒有I、II、III 3个血清型，当时医学界并不清楚南通暴发的疫情是由哪个血清型病毒引起的。顾方舟在中国第一次用病原学和血清学的方法证实了Ⅰ型为主的脊灰流行。他还发明特异、快速、价廉的血凝方法来给病毒分离与定性，测定抗体。

为消灭脊髓灰质炎，当时国际上存在死疫苗和活疫苗两种技术路线：死疫苗成熟、安全，但是成本极高，还需要培养专业的队伍，中国当时的国力很难实现；活疫苗的成本是死疫苗的千分之一，但因为刚刚发明，药效和不良反应都是未知数。

顾方舟认定，在中国消灭脊髓灰质炎，只能走活疫苗路线。活疫苗还要做很多试验，顾方舟设计了两步研究计划，先是动物试验，后是临床试验。动物试验通过后，进入了更为关键的临床试验阶段。三期临床试验的第一期需要在少数人身上检验效果，受试者要面临未知的风险。

顾方舟和同事们做出自己先试用疫苗的决定。吉凶未卜的一周过去后，他们的生命体征平稳，没有出现任何异常。但这一结果并未让顾方舟放松——成人大多对脊灰病毒有免疫力，必须证明疫苗对小孩也安全才行。顾方舟毅然做出了一个惊人的决定：瞒着妻子，给刚满月的儿子喂下了疫苗！

实验室一些研究人员也做出了同样的选择：让自己的孩子参加了这次试验。经历了漫长而煎熬的一个月，孩子们的生命体征正常，第一期临床试验顺利通过！

1960年，首批500万人份疫苗在全国11个城市推广开来，流行高峰纷纷削减。新的问题出现了，疫苗是液体的，孩子们不爱吃，不方便运输，而且需要用冰箱保存来延长它的有效期。后两个问题成为将疫苗推广、应用到偏远、艰苦地区需要克服的难题。

顾方舟经过一年多的反复探索试验，成功研制出陪伴了几代中国人的糖丸疫苗。糖丸疫苗味道甘甜，在常温下能存放多日，在家用冰箱中可保存两个月。顾方舟还想出了一个运输的"土办法"——将冷冻的糖丸放在保温瓶中进行运输。

甜甜、小小的糖丸饱含顾方舟爷爷的一片大大的爱心，他是护佑孩子们生命的方舟。

2000年，经世界卫生组织证实，中国成为无脊髓灰质炎的国家。在卫生部举行的中国消灭脊髓灰质炎证实报告签字仪式上，74岁的顾方舟作为代表，签下了自己的名字。

知识拓展

脊髓灰质炎是由脊髓灰质炎病毒引起的一种急性传染病。临床表现主要有发热、咽痛和肢体疼痛，部分病人可发生弛缓性麻痹。流行时以隐匿感染和无瘫痪病例居多，儿童发病较成人多，普种疫苗前婴幼儿患病者居多，故又称小儿麻痹症。